古典文獻研究輯刊

十七編

潘美月・杜潔祥 主編

第15冊

陳確《葬書》之研究

孫廣海 著

國家圖書館出版品預行編目資料

陳確《葬書》之研究／孫廣海　著 — 初版 — 新北市：花木蘭
文化出版社，2013〔民 102〕
序 4+ 目 2+154 面；19×26 公分
（古典文獻研究輯刊 十七編；第 15 冊）
ISBN：978-986-322-440-2（精裝）
1.（清）陳確　2. 學術思想
011.08　　　　　　　　　　　　　　　　102014877

古典文獻研究輯刊
十七編　第十五冊　　　　　　　ISBN：978-986-322-440-2

陳確《葬書》之研究

作　　者　孫廣海
主　　編　潘美月　杜潔祥
總 編 輯　杜潔祥
企劃出版　北京大學文化資源研究中心
出　　版　花木蘭文化出版社
發 行 所　花木蘭文化出版社
發 行 人　高小娟
聯絡地址　235 新北市中和區中安街七十二號十三樓
　　　　　電話：02-2923-1455 ／傳眞：02-2923-1452
網　　址　http://www.huamulan.tw 信箱 sut81518@gmail.com
印　　刷　普羅文化出版廣告事業
初　　版　2013 年 9 月
定　　價　十七編 20 冊（精裝）新台幣 31,000 元　　　版權所有·請勿翻印

陳確藝書之研究

陳確藝書之研究

冀勳晉書

陳確《葬書》之研究

孫廣海　著

作者簡介

孫廣海，祖籍廣東潮安，1952 年出生於香港。半工半讀完成中學教育和研究院課程。先後在香港中文大學中國語言文學系（74 ～ 78）、香港中文大學教育學院（83 ～ 85）、香港大學中文系研究院接受教育。研究院明清史學文學碩士論文〈柯維騏宋史觀發微〉師承趙令揚教授（81 ～ 83）；哲學碩士論文〈陳確《葬書》之研究〉，師承何佑森教授（1931 ～ 2008；88 ～ 94）；哲學博士論文〈阮元學術思想研究〉，師承梁紹傑教授（95 ～ 02）。

歷任中學中文科老師、中文科主任講席 32 年；現為香港公開大學教育及語文學院兼職導師、客席講師、課程編撰。論文有〈阮元研究回顧〉、〈阮元揅經室遺文再續輯補〉、〈由羅香林《香港與中西文化交流》說起的一件學術界公案：日治淪陷期（1941 ～ 42）誰人繼任香港大學中文系主任？〉、〈四十五年來（1962 ～ 2007）中國大陸的胡適研究〉、〈胡適傳記文學的理論和實踐〉等篇。

研究興趣包括：漢字學、詞匯學、文體學、中國語文教學、古代歷史文化、

古典文獻研究、清代學術思想、文學研究等。未來亦會關注百年以來香港的儒學史和學者之研究。

提　要

全文首章介紹陳確的生平、著述和學術宗旨，次章介紹陳確的思想背景與學術淵源，屬外緣之分析。

三章綜論《葬書》的背景，包括中國歷代的喪葬禮俗，以及宋代至清代有關喪葬禮俗的著述。

四章分析《葬書》的宗旨和寫作動機。陳確撰作是書的動機包括變通古禮、提倡孝道、攻擊葬師、駁斥風水以及拯救人心風俗。《葬書》的宗旨則為諷世勵俗，刻書以救世；批判葬師，求實理實益；言葬綱領，主族葬、深葬和儉葬。

五章分析《葬書》全書的內容，言葬綱領為「及時、族葬、深埋、實築」；六字葬法是「時、近、合、深、實、儉」。以上三章，屬內緣之分析。

六章概述《葬書》的影響及評價，七章為全文之總結。

序

陳確（1604～1677），浙江海寧人氏，本名道永，清順治時改名確，字乾初。稟性耿直，堅貞剛毅，爲明代萬曆年間有名學者，受業於浙東學派大師劉宗周（1578～1645），於儒家思想之研究別具卓見，尤其推崇孔孟仁義之說。明末年間，屢試不第，於是寄情山水，賦詩言志，撰文論述，弘揚儒家道統。其學術理論，主張「道無盡，知亦無盡」（《大學辨》），儒道合一，重視心性修養，極力反對宋明以來之迂腐封建禮教思想，對宋儒周敦頤（1017～1073）、朱熹（1130～1200）之理學多有尖銳批評。其人高風亮節，不屈權貴，立地頂天，不與培塿爲類，有傳統儒家學者風範，爲學德高尙之表表者。明亡而不爲清人利誘，潛心歸隱著書，盡見特立獨行之儒者風骨。明末遺老黃宗羲（1610～1695）與陳確爲同門友，交情深厚，曾謂其「學無所依傍，無所瞻顧，凡不合於心者，雖先儒已有成說，亦不肯隨聲附和，遂多驚世駭俗之論」（《陳乾初先生墓誌銘初稿》），評述篤實可信。

乾初先生，天才絕出，精曉書法、篆刻、音樂、彈棋雜技，文藝修養豐廣，一生好學不倦，讀書無數，著作等身。《葬書》乃其特意針貶封建思想，而又最具批判力量之代表作。此書《四庫全書》（編撰於1773年）未有收錄，可見清人對其思想及影響力之顧忌。陳氏《葬書》於其死後一百七十多年後才刊行面世，清人政治逼迫遺老學者於此亦略可知矣。誠然，是書刊出亦未爲清世士人高度重視，歷來論述及辨析此書者不多，能將之條分縷析討論而別開格局以辯證者更少。今孫廣海博士出版之專題著述，將乾初先生書中偉論作全面而深邃之剖析闡發，能塡補幾百年來古今論者之不實不足，居功匪淺，爲研究清代學人思想之重要著作。

　　孫廣海博士，早年畢業於香港中文大學聯合書院中國語言文學系，乃同門學長，其人儒雅淳厚，正直不阿，學問豐腴，見識廣博，經史詩文，辭章考據，無不通達。孫博士致力於中文教學，積學四五十年，一直教研兼修，黽勉上進，於餘暇擔任大學兼職導師，敬業樂業，啓導後學，孜孜不倦。又常賜我文稿，論講研究，惠以南針，廣資教益。廣海賢兄研治學問，別具心法，不但審慎精細，涉獵廣泛，而且用功過人，辨析事義，建構理論，細緻深邃，一絲不苟，其論析解說，輒多過人之見，於學術界貢獻有嘉，成就之宏大，無可限量。鄙人不才，學殖荒落，識見淺陋，茲讀孫氏大作，眼界大開，獲益殊夥，不勝幸焉。今承所命，撰文引介，惟瓶管之見，紕繆之言，只在濫竽充數，於學問大道茫然而無所寸進，愧為之序焉。誠然，珠玉在前，讀者自有慧眼辨識。孫博士此鉅著刊行必為學界大放異彩，振興文教，惠澤學林。

馬顯慈書於香港公開大學教育及語文學院

壬辰十月初冬

自 序

　　這幾年來，筆者治學的範圍包括：宋明理學史與及中國近三百年學術思想史。之所以對明清學思想史發生研究的興趣，可追溯至一九八一至八三年期間，筆者在香港大學攻讀中國史學研究文學碩士課程時，對近代中國思想史這個課題，深感興趣，台、港學者如錢穆、余英時、徐復觀、韋政通；大陸學者如侯外廬、蔡尚思、張舜徽、李澤厚諸先生的研究，對我的啓發尤大。

　　一九八八年，筆者申請攻讀哲學碩士研究生學位課程，適逢國立台灣大學何師佑森教授應聘來香港大學中文系開課，其中一門課是中國近三百年學術思想史，這門課，筆者有幸旁聽，一共聽了兩個學年呢！從這門課裏面，既了解到劉宗周及其弟子陳確的學術思想，又認識到因受蕺山先生的學術薰陶，從而改變了乾初一生爲學和做人的路向。何師的金石良言，至今，我還銘記於心，在追隨他的歲月中，他曾經說過：「治學必須熟讀原典」，「讀書應取法于上」等等，這一點一滴，於我已啓迪良多。

　　陳確思想之研究，範圍也太大、牽涉的問題也不少，經過何師的指導，論文題目更定爲陳確《葬書》之研究，寫來也就踏實得多了。如今，論文完成後，內心誠惶誠恐，只怕辜負了何師對我之殷殷期望；另一方面，我還要向趙師令揚教授道謝，多謝他這麼多年以來，對筆者的不棄提點。

　　筆者天性愚鈍，能夠在學術的道路上繼續前進，恐怕只是靠讀書人喜愛購書、藏書以及讀書那一股傻勁吧！今天，上距我拿取文學碩士學位的日子，已經差不多有十個年頭了，年屆不惑，世變滄桑，能無感乎？惟願以這一篇論文，作爲我過往十年來在學術道路前進的印記吧！

孫廣海

一九九三年四月十八日

目

次

前　言

　　明末清初時期，學術思想家輩出，像呂坤（1536～1618）、朱舜水（1600～1682）、陳乾初（1604～1677）、黃梨洲（1610～1695）、方以智（1611～1671）、顧亭林（1613～1682）、王船山（1619～1692）、李二曲（1627～1705）、唐甄（1630～1704）、顏習齋（1635～1704）、李恕谷（1659～1733）等人，〔註1〕都是極爲重要的學者。

　　陳確（1604～1677），名道永，字非玄，原名籙永，字原季，號遜膚，更名確，字乾初，他是明末遺老、亦是清初的詩人、儒生、學者和思想家。陳確的生平事跡，《明史》、《清史稿》均付闕如，不過，和他相關的文獻資料，卻相當豐富，例如：朱彝尊《靜志居詩話》、《明詩綜》、陳田《明詩紀事》、鄧之誠《清詩紀事初編》、張維屏《國朝詩人徵略》二編、張其淦《明代千遺民詩詠》、陳埰孝《乾初先生詩集小傳》、沈元滄《乾初先生詩集小傳》、阮元《兩浙輶軒錄》、吳振棫《國朝杭郡詩鈔》等，記錄了陳確是一位明末遺民詩人。陳元龍《陳氏理學乾初先生傳》、《海寧縣志》、《理學傳》、黃嗣東《道學淵源錄清代篇》、徐世昌《清儒學案》、黃宗羲《思舊錄》、《南雷學案》、錢儀吉《碑傳集》、李桓《國朝耆獻類徵初編》、《清史列傳》等，卻記錄了陳確是一位「發明理學、尤多心得」、「不喜理學家言」的理學家。李放《皇清書史》更稱譽陳確爲一「善篆刻、書法」的書法家。

　　以上列舉的文獻資料，對陳確的生平事跡和史實，已有頗爲詳細的敘述。可是，對於他的思想、學術宗旨，三百多年來，人們的認識還是不夠全面的。

〔註1〕見韋政通《中國思想史》下冊，頁1271，台・大林出版社。

陳確的《葬書》，要待他死後一百七十七年（即 1854 年），才爲人發現刊行；乾初的詩文集，亦要等到他死後二百一十年（即 1887 年），才由他的族玄孫陳敬璋編成；而他的全部著述，直至他身故後三百〇二年（即 1979 年），才由北京中華書局結集出版。三百多年以來，陳確曾經湮沒無聞的緣由，那就不言而喻了。

對於陳確的人品和學問，文獻記載頗詳。例如：《海寧縣志》稱他「幼以孝友稱，長以文學著」；陳埰孝譽他「閉門事母，躬耕樂道」（《乾初詩集小傳》）；陳元龍記他「居母喪，手寫孝經百餘志痛，戚友爭寶藏之。」（《陳氏理學乾初先生傳》）

1647 年，四月，陳確「具呈本學、求削儒籍，更名確，字曰乾初。」（吳騫《陳乾初先生年譜》），他不願意變節事清，吳振棫譽他「抱節空山，幾二十載。」（《國朝杭郡詩鈔》）。陳確的一生，可以說爲時世所不容。官場方面，乾初自幼鄙棄舉業、絕意士途；思想方面，乾初「論葬與世俗異、論性、〈大學〉與諸儒異」（《示兒帖》）。在在表現出他的特立獨行，思想異乎流俗。

概括地說，陳確一生的學術著作，以《葬書》，《大學辨》、〈性解〉、〈禪障〉三組文章，足可代表其思想的全貌。〔註 2〕

1650 年，陳確四十七歲、輯《喪實論》、《葬論》，時世人惑於風水、葬師（風水先生）、或久而不葬，違背古禮，乾初撰文攻擊葬師、駁斥風水、弘揚孝道、變通古禮，主張族葬、深葬、儉葬，藉此挽救人心風俗。乾初《葬書》自序云：「知乎此而推之日用，事事求實理實益，不苟循虛名，即違道不遠矣，豈惟葬然哉！」事事求實理實益，便是陳確實學思想的理論根據。

1654 年，陳確五十一歲，著《大學辨》。乾初云：「竊欲還學、庸於戴記刪性理之支言，琢磨程、朱，光復孔孟（《大學辨序》）陳確意欲推倒〈大學〉從宋代以來那神聖不可侵犯的地位。《大學辨》：陳確氏曰：〈大學〉首章，非聖經也，其傳十章，非賢傳也，程子曰：大學，孔氏之遺書，而未始質言孔子。」他認爲〈大學〉並非什麼聖經、賢傳，也不是孔子、曾子遺書，其言似聖而其旨實竄於禪。乾初的同門、朋友爭相和他論辨，可是，陳確至死仍

〔註 2〕參考辛冠潔「陳確評傳」陳確的哲學思想：
　　　1. 從《葬書》看陳確的鬼神觀；
　　　2. 從《大學辨》看陳確的知行觀；
　　　3. 從《性解》看陳確的人性論。
　　　──《中國古代著名哲學家評傳》續編四，齊魯書社，1982 年 9 月版。

然堅持己見,力排眾議。

1657 年,陳確五十四歲,著〈性解〉、〈禪障〉,發揚孟子性善之說。乾初批評「宋儒又強分個天地之性、氣質之性,謂氣情才皆非本性,皆有不善,另有性善之本體」(〈性解〉下)陳確認為:「性之善不可見,分見于氣、情、才。情、才與氣,皆性之良能也。天命有善而無惡,故人性亦有善而無惡;人性有善而無,惡,故氣、情、才亦有善而無惡。此孟子之說,即孔子之旨也。」(《氣情才辨》)乾初的人性論,歸宗孔子、孟子。在中國人性論史上,他亦佔了一席重要的地位。

筆者讀乾初書(〈陳確集〉),便想見其為人。不敢云有所得,惟願草寫論文乙篇,彰顯乾初的思想,以就教大雅君子。

第一節　三百年來陳確研究成績

公元一六七七年,陳確以老疾卒於浙江海寧楊橋之居,享年七十四歲。茲按時間先後,排列三百多年來陳確研究的成績:

清世祖順治七年(1650 年):

陳確著《葬論》

清聖祖康熙十六年(1677 年):

黃梨洲撰陳乾初墓誌銘初稿即《陳乾初先生墓誌銘初稿》,見梨洲《南雷餘集》。

清聖祖康熙二十七年(1688 年):

黃梨洲重撰《陳乾初先生墓誌銘》重撰本,見梨洲《南雷文定》後集卷三

作者案:梨洲撰乾初墓誌銘,共四稿,餘為:《陳乾初先生墓誌銘》改本,見《南雷文約》;及《陳乾初先生墓誌銘》最後改本,見《南雷文定》卷二〔註3〕梨洲晚年思想、愈趨近乾初。〔註4〕

清聖祖康熙三十二年(1693 年):

〔註 3〕 見陳乃乾編《黃梨洲文集》,頁 164 至 175,北京・中華書局,1959 年 1 月版。
〔註 4〕 可參考:
　　(1) 何師佑森〈黃梨洲晚年思想的轉變〉──《故宮文獻》第三卷第一期。
　　(2) 楊向奎《清儒學案新編》二之陳確《乾初學案》頁 4 至 10,齊魯書社,1988 年 6 月版。

　　黃梨洲《思舊錄》見梨洲已漸漸了解乾初《大學辨》之精神。〔註5〕

清高宗乾隆五十年（1785年）：

　　吳騫撰《陳乾初先生年譜》二卷於拜經樓。〔註6〕

清仁宗嘉慶三年（1798年）：

　　陳敬璋《陳乾初先生遺集》四十九卷定稿，惜無付梓。

清文宗咸豐四年（1854年）：

　　無名氏刊行《葬書》二卷。〔註7〕

清德宗光緒十三年（1887年）：

　　羊復禮《海昌叢載》刊入《乾初先生文鈔》二卷、《乾初先生詩鈔》一卷

1923年：梁啟超（1873～1929）撰

　　《中國近三百年學術史》第十二章「清初學海波瀾餘錄」介紹陳乾初、啟超說：「乾初對於社會問題，常為嚴正的批評、與實踐的改革。」〔註8〕

1937年：錢穆（1895～1990）撰

　　《中國近三百年學術史》序言，對乾初的思想，有較全面的論述，包括：乾初小傳、乾初與梨洲之交游、乾初論學要旨及梨洲之意見、乾初《大學辨》要旨等。錢穆評乾初：「講學自憑心眼、別創新見、不滿從來理學家舊言套說，因亦不為當時講理學者所喜，其概可想。乾初既深自韜晦，身後著述湮沉，不復為人稱道。」〔註9〕

〔註5〕見《黃宗羲全集》第一冊，頁391，浙江古籍出版社，1986年11月版。

〔註6〕見羅振玉《雪堂叢刻》之《陳乾初先生年譜》二卷，吳騫稿本。

〔註7〕《葬書》五種，收：
　　1. 陳確《葬書》、《葬論》、《葬經》
　　2. 許楫《罔極錄》二卷
　　3. 范鯤《蜀山葬書》二卷
　　4. 張朝晉《喪葬雜說》不分卷
　　5. 王載宣《慎終錄要》不分卷
　　——侯外盧輯《陳確哲學選集》序，科學出版社，1959年版。

〔註8〕見朱維錚校注，《梁啟超論清學史二種》，頁267～269，復旦大學出版社，1985年9月版。

〔註9〕見錢穆《中國近三百年學術史》上冊，頁38，台·商務，民國65年10月臺六版。

1938 年：徐世昌（1855～1939）刊行

　　《清儒學案》卷二南雷學案附陳確。〔註10〕

1944 年：侯外廬（1903～　）撰

　　《近代中國思想學說史》，侯氏指出：「乾初思想，有補充於黃梨洲，更顯出時代精神。」〔註11〕

1945 年：楊榮國（1907～1978）撰

　　《中國十七世紀思想史》稱譽乾初云：「大聲呼叫大家，不要惑於風水邪論。」〔註12〕

1956 年：

　　侯外廬撰《中國思想通史》第五卷、譽乾初「推翻理學的寶庫、終身不遇、鮮享盛名。」〔註13〕

1957 年：

　　侯外廬撰文「介紹陳確著書中僅見刊本《葬書》的思想」〔註14〕

1959 年：

　　侯外廬等編輯《陳確哲學選集》，稱乾初爲中國十七世紀的唯物主義思想家。〔註15〕

1959 年：

　　《中國哲學史資料選輯》清代之部亦稱乾初是我國十七世紀的唯物主義思想家。〔註16〕

1963 年：

〔註10〕見徐世昌《清儒學案》，中國書店，海王邨古籍叢刊，1990 年 9 月版。

〔註11〕見侯外廬《近代中國思想學說史》上冊，重慶生活書店，1947 年版。

〔註12〕楊榮國《中國十七世紀思想史》第六章第一節，東南出版社，1945 年 5 月版。

〔註13〕侯外廬《中國思想通史》第五卷第一編，第三章，第五節，人民出版社，1958 年版。

〔註14〕侯外廬〈介紹陳確著書中僅見刊本「葬書」的思想〉——《新建設》，1957 年 6 月。

〔註15〕同註 7。

〔註16〕《中國哲學史資料選輯》，清代之部上，頁 37，中國社會科學院哲學研究所中國哲學史研究室編，北京·中華書局，1981 年 10 月版。

《中國歷代哲學文選》清代近代編謂乾初屬於唯物主義者。〔註17〕

1963 年 7 月：

　　蒙文通《致酈衡叔書》謂「獨有契于陳乾初，明清之交，必以此公爲巨擘。」〔註18〕

1975 年 1 月：

　　張學明稱譽乾初爲「中國近三百年學術思想史的一巨人。」（《新亞歷史系系刊》）

1979 年：

　　《陳確集》點校本出版，稱乾初是明清之際一位具有進步傾向的思想家。〔註19〕

1980 年：

　　張豈之撰文指出：「陳確批評〈大學〉，實際批到理學的頭上」〔註20〕

1981 年：弗之發表「陳確性論三議」〔註21〕

　　王成福發表「進步思想家陳確評述」指出乾初從哲學上探討和闡述三個問題：

　　1. 人性無不善的人性論；
　　2. 情順自然的生死觀；
　　3. 以農爲本的社會史觀。〔註22〕

1982 年：

　　任大援撰文「論陳確的知行觀」，稱譽乾初是一位有膽識思想家。〔註23〕

〔註17〕《中國歷代哲學文選》清代近代編上冊，頁1，中國科學院哲學研究所中國哲學史組、北京大學哲學系中國哲學史教研室編，北京・中華書局，1963 年 4 月版。
〔註18〕見蒙文通、熊十力等，〈理學札記與書東〉，──《中國哲學》第五輯，頁370，北京三聯。
〔註19〕《陳確集》上冊，點校說明，北京・中華書局，1979 年 4 月版。
〔註20〕見張豈之〈論蕺山學派思想的若干問題〉──《西北大學學報》，社會科學版，1980 年第 4 期。
〔註21〕弗之〈陳確性論三議〉──《中國哲學史研究》季刊，1980 年第 2 期，天津人民。
〔註22〕王成福〈進步思想家陳確評述〉──《社會科學輯刊》1981 年第 5 期，遼寧社會科學院。

1983 年：任大援發表「論陳確的性理哲學思想」〔註24〕

　　嚴健羽撰文「陳確的哲學思想」包括：

　　1.《葬書》的無神論思想；

　　2.《大學辨》對程朱理學的批判；

　　3. 陳確的人性論學說在對程朱批判中有新發展。〔註25〕

1983 年：辛冠潔發表

　　「陳確三論——陳確對程朱理學的三次發難」，內容包括：

　　1. 從《葬書》論陳確與程朱理學相對立的宇宙觀和鬼神觀；

　　2. 從〈大學辨〉論陳確與程朱理學相對立認的認識論和知行觀；

　　3. 從〈性解〉論陳確與程朱理學相對立的人性論。〔註26〕

1986 年：詹海雲著《陳乾初大學辨研究——兼論其在明末清初學術史上的
　　　　意義》

　　詹氏認爲：「研究陳乾初的思想，可以了解理學本身的問題、蕺山學術的
分化、梨洲思想的轉變、明末清初學風的特徵、因此，乾初在明末清初學術
史上實有其卓然挺立的重要地位。」〔註27〕

1987 年：鄧立光撰文

　　「陳確理學思想研究」於香港大學，〔註28〕內容包括：陳確的生平、文
學思想、對宗教、習俗的批判、理學思想、哲學思想、辨〈大學〉、與宗周、
梨洲、楊園關係等。

1987 年：

　　《中國大百科全書》哲學卷稱陳確爲明末清初思想家，唯物主義哲學家。

〔註23〕任大援〈論陳確的知行觀〉——《中國哲學》第八輯，北京・三聯，1982 年
　　　　10 月。

〔註24〕任大援〈論陳確的性理哲學思想〉——《浙江學刊》（季刊）1983 年第 2 期。

〔註25〕見《論中國哲學史》
　　　　宋明理學討論會論文集——中國哲學史學會，浙江省社會科學研究所編，浙
　　　　江人民出版社，1983 年 5 月版。

〔註26〕見前註25。

〔註27〕詹海雲著《陳乾初大學辨研究》——兼論其在明末清初學術史上的意義》，頁
　　　　3，台・明文書局，民國 75 年 8 月版。

〔註28〕見鄧立光〈陳確理學思想研究〉，香港大學哲學碩士論文，1987。另見鄧立光
　　　　《陳乾初研究》自序，頁 1，台・文津出版社，民國 81 年 7 月初版。

1988 年：

　　陶清撰文「陳確心性學說的實質和意義」〔註29〕

1989 年：周麗楨撰文

　　「陳乾初思想之研究」〔註30〕

1990 年：韓立森撰文

　　「陳確思想的特質」〔註31〕

1990 年 4 月：古清美女士撰文

　　「陳乾初理學思想探討」，指出：「乾初思想可顯現出它的先見和啓示性。」
〔註32〕

　　蒙培元撰文論述「劉宗周、陳確、黃宗羲的心、性、情合一說」〔註33〕

1990 年 5 月：

　　林聰舜撰書探討梨洲與陳乾初的辯論及梨洲晚年思想轉變的問題。〔註34〕

1992 年 1 月：

　　王茂、蔣國保等撰書，論陳確哲學與王門心學，謂「學術界對於他反對
厚葬等無神論思想，都有較高的評價。」而陳確的哲學思想則是「注重習行
工夫、經世致用、在現實的社會生活和活動中追求實理實益。」〔註35〕

1992 年 3 月：

　　詹海雲撰文「陳確葬論探微」及「陳確人性論發微」，一從微觀的角度，
指出陳確葬論在反風水史上的地位，另一篇則尋繹陳確人性論的本源，並指
出其反理學與獨特見解處。〔註36〕

　　三百多年來，陳確研究大略可分爲：文集傳抄、研究發軔、唯物思想和

〔註29〕陶清〈陳確心性學說實質和意義〉──《學術界》1988 年第 6 期。

〔註30〕周麗楨〈陳乾初思想之研究〉，台・高雄師範學院 78 年國文研究所碩士論文。

〔註31〕韓立森〈陳確思想的特質〉──《晉陽學刊》1990 年，第 2 期。

〔註32〕見古清美著《明代理學論文集》，頁 301，台・大安出版社，1990 年 5 月版。

〔註33〕見蒙培元著《中國心性論》，頁 439～458，台・學生書局，1990 年 4 月版。

〔註34〕見林聰舜著《明清之際儒家思想的變遷與發展》，頁 26～35，台・學生書局，
　　　　1990 年 10 月版。

〔註35〕見蔣國保、王茂等著《清代哲學》等十五章，安徽人民出版社，1992 年 1 月
　　　　版。

〔註36〕見詹海雲著《清初學術論文集》，台・文津出版社，民國 81 年 3 月版。

理學思想等階段。

　　自乾初卒後的二百一十年間，（即 1677 年至 1887 年），黃梨洲、吳騫、陳敬璋、羊復禮等清代學者，大多着意陳確的爲人和學養，而乾初的詩文集，才有機會刊印和傳鈔。

　　踏進二十世紀三十年代，梁啓超和錢穆二先生，爲陳確的研究揭開序幕，繼而掀起了乾初思想研究的學術風氣。

　　二十世紀五十至七十年代的四十年間（即 1944 至 1984 年），中國大陸一般的哲學著作和論文，冠乾初以唯物主義思想家的稱謂，論文的內容，多是從蕺山學派的後學、性論哲理思想、無神論思想之角度，闡釋陳確的思想。

　　一九八六年開始，台灣、香港兩地的學者研究陳確，都注意到其理學思想方面。另外一些論著，卻着眼於乾初與梨洲思想的異同分合上。〔註 37〕

　　三百多年來，陳乾初研究成績概言之，中國大陸單篇論文較多，台港方面，專著已出版了二本：

　　1.《陳乾初大學辨研究》詹海雲著

　　2.《陳乾初研究》鄧立光著

　　今後，陳確的研究，相信仍然會是明末清初學術思想史研究的一個重要課題。

第二節　陳確思想研究的意義

　　宋明兩代的心性義理之學，發展至明末清初，起了一些怎樣的變化？清儒對於理學一些重要的範疇、例如：善惡、知行、理欲、體用等，與宋明儒的觀點有何異同、分合何在，這些都是研究明清學術思想史必須面對的問題。

　　清初，陽明後學空談誤國，袖手只談心性，而程朱理學仍然有其生命力，雖或未必能挽狂瀾於既倒，可是，復興朱子學，由王返朱，未嘗不是救治狂

〔註 37〕可參考：

　　1. 何師佑森〈顧亭林與黃梨洲──兼述清初朱子學〉──《幼獅學誌》第十五卷，第二期。「陳確講發用、梨洲講本源，兩人由此意見不合。」

　　2. 古清美《黃梨洲之生平及其學術思想》，頁 98，國立台灣大學文史叢刊。「梨洲思想前後改變的明顯紀錄，便在於他對陳乾初的心性之說的一些前後不同的意見與反應。陳乾初之具代表性，不僅因爲他是力反宋明理學中一些重要觀點的一員，更因爲您與梨洲一樣，同是蕺山門下的弟子。正因此，他的意見足以提供我們對梨洲思想變化的一些極重要的線索。」

禪之病的一劑良方。陳確的理學論著，便是折衷朱子學與陽明學的調和論者。

二十世紀五十年代始，中國大陸一般儒學史或理學史的論著，都把陳確命名為「反理學思想家」，〔註38〕謂陳確的《大學辨》，排擊程朱理學。但是，細讀《陳確集》，會發現陳確不單沒有反程朱理學，且對程朱的態度是有所去取的。正如陳確說：「程、朱偶為〈大學〉所誤，因自誤誤人。而吾嘗皆熟視而莫敢一匡救，則非程、朱之過，而吾黨之過也。吾願諸子為程、朱之功臣，毋為程、朱之罪人。」〔註39〕

台灣、香港兩地的陳確論著，闡述乾初和梨洲思想的異同分合者多，於乾初的實學思想，風俗思想論析者少。

筆者以為，陳確的研究，可從下列兩個角度深究之：

其一、實學的角度：陳確學說力主切實，和明末清初儒生崇實黜虛、主實事求是的論點相一致。陳確在其著作中，屢言「實學」、「實理」、「實益」、「實功」、「實得」、「實意」、「實事」等，〔註40〕一再表明乾初事事求實，不徇虛名、不尚虛文的思想。

其二、風俗的角度：從《葬書》上下十七篇的研究，探討喪葬風俗的源流、著述、以及反風水、破除迷信的時代意義。（詳見第三章《葬書》背景、第四章《葬書》宗旨、第五章《葬書》分析）

〔註38〕參閱：
　　1. 辛冠潔《中國古代著名哲學家評傳》續編四，頁391至444，齊魯書社，1982年9月版。
　　2. 侯外廬《中國思想通史》第五卷，第一編，第三章，第五節，人民，1958年版。
　　　《近代中國思想學說史》上冊，第二章，第五節，生活，1947年5月版。
　　　《宋明理學史》下卷，第三十章，人民，1987年6月版。
　　3. 趙吉惠、郭厚安主編：《中國儒學史》，頁779，中州古籍出版社，1991年6月版。
〔註39〕見《陳確集》，頁565，566，〈翠薄山房帖〉。
〔註40〕分見《陳確集》
　　　〈聖學〉：「……言知行合一，則天下始有實學。」，頁442。
　　　〈原教〉：「性善自是實理、毫無可疑」，頁456。
　　　〈復吳裒仲書〉乙未：「是求放心要訣、是戒懼不睹聞實功」，頁97。
　　　〈與吳仲木書〉：「虛而不勤、終鮮實得。」，頁83。
　　　〈示友帖〉：「蓋虛文日盛，則實意漸衰。」，頁377。
　　　〈寄諸同志〉：「諸子既當以慎獨為心，尤須時時驗之實事。」，頁379。
　　　〈井田〉：「正是不忘貧實學」，頁438。
　　　〈與沈朗思書〉：「庶不負先生一生實學。」，頁115。

　　錢穆先生稱譽乾初「辨體用、辨理氣，而求致之於實功、實事者。」〔註41〕
《葬書》之研究，正可求致之於實功、實事，大雅君子以爲然否？

〔註41〕見錢穆《國學概論》新版，第九章，清代考據學，台・商務，人人文庫，1974
　　　　年 8 月版。

第一章　陳確的生平、著述和學術宗旨

第一節　陳確的故鄉

陳確生於明神宗萬曆三十二年（公元 1604 年），卒於清聖祖康熙十六年（公元 1677 年），他是浙江海寧人。陳氏為「浙西望族」。〔註1〕浙西，乃指杭州、嘉興、湖州三府。〔註2〕

兩浙自宋代以來，學者輩出，其中的浙東學派，可以說是我國史學的重要流派。〔註3〕關於浙東、浙西的學術主張，清代史學家章學誠（1738～1801）析述云：「學者不可無宗主，而必不可有門戶，故浙東、浙西，道並行而不悖也。浙東貴專家、浙西尚博雅，各因其習而習也。」〔註4〕梁啟超（1873～1929）則說：「理學方面，浙西宗程朱、而浙東宗陸王、考證學方面，則浙西多經學家，而浙東多史學家，故章實齋〈浙東學術〉篇以黃梨洲代表浙東、而以籍隸江蘇之顧亭林代表浙西。」〔註5〕

浙江海寧隸屬杭州府，陳確就是成長於杭州灣的越山秀水之中。海寧的

〔註1〕見黃宗羲〈陳乾初先生墓誌銘初稿〉——陳乃乾編《黃梨洲文集》，頁 164，北京・中華書局，1959 年 1 月版。

〔註2〕譚其驤主編《中國歷史地圖集》第七冊，元、明時期，頁 68～69，地圖出版社，1982 年 10 月版。

〔註3〕參考何炳松著《浙東學派溯源》自序，台・商務，國學小叢書版。

〔註4〕見《文史通義校注》上冊，頁 523，〈浙東學術〉，章學誠著、葉瑛校注，北京・中華書局，1985 年 5 月版。

〔註5〕梁啟超〈近代學風之地理的分布〉——《近代中國學術論叢》，中國近三百年學術史參考四編，香港崇文，1973 年 3 月版。

地理沿革、風土人情、地方志亦有記載，茲述如下：

海寧縣，明代屬杭州府，市有三：郭店市、袁花市、轉塘市；鎮有二：長安鎮、硤石鎮。清初、仍屬杭州府，改稱海寧州，市有二十：郭店市、轉塘市、黃岡市、黃灣市、朱家橋市、丁家板橋市、新倉市、舊倉市、東北斜橋市、路仲里市、南孟子橋市、翁家埠、春深巷市、丁家渡市、許村市、周王廟市、航頭市、墅廟市、慶善橋市；鎮有五：赭山鎮、長安鎮、袁花鎮、石墩鎮、硤石鎮。〔註6〕

陳確《投當事揭》說：「生，海寧人也，請專言海寧之水利；又海寧城東人也，請專言城東之水利。」〔註7〕故乾初爲海寧城東（東鄉）人。（案：海寧、即海昌、據乾隆《杭州府志》卷五市鎮引《海昌外志》云：「海昌諸市、硤石爲最饒庶，袁花次之、長安又次之，郭店爲下，轉塘，黃岡、特村墟數廛也」又據康熙《海寧縣志》卷二方域志、土產、記海寧境內：「西鄉耐旱、多旱和木棉，東鄉土澤多晚稻；西鄉魚池利重，賦與田等，東鄉潴水而賦輕。西鄉兼絲綿絹席、東鄉的專於綢、布」這種產業結構顯示，當地是以絲、絲棉、棉花、布匹爲主要特產的，農家大多從事紡織業，盛產棉布、苧布、麻布、兼絲布、黃草布、絹、羅、紗、紵、綿綢、紗帶等。）〔註8〕

地靈人傑，清代海寧學人，自陳確以後，還有陳世琯、周廣業、吳騫、陳鱣、沈維鐈、張廷濟、蔣光煦、錢保塘、李善蘭、王國維等。〔註9〕

第二節　陳確的家世

茲據《明律》及《清律例》之〈本宗九族喪服圖〉，排列陳確的家族、世系如下：

〔註6〕參閱樊樹志著，《明清江南市鎮探微》，頁 490～491、510～511，復旦大學出版社，1990 年 9 月版。

〔註7〕《陳確集》，頁 363，北京・中華，1979 年版。

〔註8〕見前註6，頁 401。

〔註9〕參閱滕复、徐吉軍等編著，《浙江文化史》，頁 354，浙江人民出版社，1992 年 6 月版。

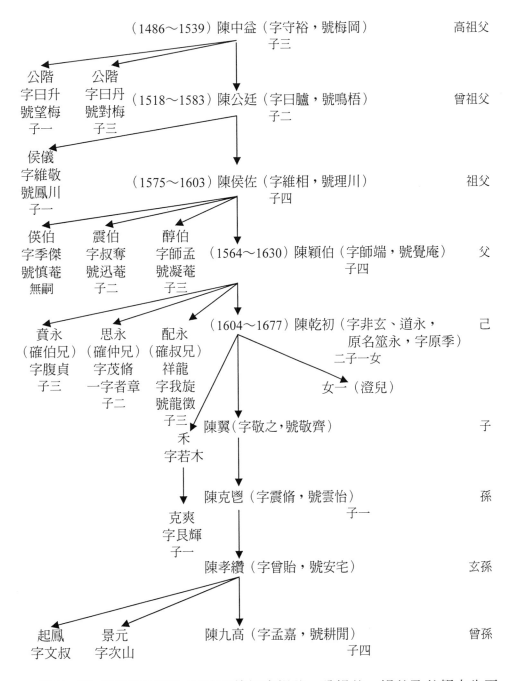

陳確《先世遺事紀略》記述了乾初高祖父、曾祖父、祖父及父親之生平及行誼；陳確的族玄孫陳敬璋亦輯有《乾初先生世系表略》。

據吳騫《陳乾初先生年譜》卷上載：「海寧陳家本姓高氏，系出北齊清河昭武王岳，始祖諒，元時贅海寧陳氏，遂蒙其姓，世居鳳岡峴。」

　　乾初高祖父中益，字守裕，號梅岡、廩貢生、授江南吳江縣訓導。陳中益「高才博學、工詩古文，尤邃理學。世傳稱其敏惠亢直，少有遠志，其學以存心養性爲主，屬文日數千言，其大概也。」〔註10〕

　　乾初曾祖父公廷，字曰臚，號鳴梧、庠生。陳公廷「德性至厚，疏財好義，顧獨喜飲，益喜與人飲。」與其從父風山公，並以豪落拓，不問家人產見稱。兼且文思敏捷，才氣橫溢，《先世遺事紀略》載云：「公才甚高，初試童子、即領批道。」〔註11〕

　　乾初祖父侯佐、字維相、號理川、庠生。陳侯佐「剛直有才略、絕口不道人陰事，績學知名、邑俊髦多出其門。」「居常必正衣冠，不跛立、不倚坐，不徑不趨，不談閨閫，不附有勢。」「公好學工文，試輒命中。」「性慷慨好客」、「教子過嚴」、「端莊好禮、閨門修飭，與祖母每見必相揖如賓」乾初對其祖父一生命途困厄嘆云：「吾祖以績學，試輒冠軍，獨艱一第，廩于庠三十餘年。貢單已出矣，竟不及待而卒。天生其才而故厄之至此，痛哉！」〔註12〕

　　乾初父親穎伯、字師端，號覺庵、庠生。乾初母親說：「雖爾父初年，亦第知讀書，來更家事也。」「爾父性宏直，能急人之困。」「爾父器量優裕，臨事未嘗先其張皇，汎然若無事者。」陳確記述父親生平云：「確侍吾父歿身，未嘗聞其言人之不善也。侍飲，未嘗見其醉。……談者謂吾父威容德度，時輩莫及。」〔註13〕陳確的父親、有慈父風範：「吾父待確兄弟至寬，確館于外，歲時歸省，惟敘家人之情，絕不問及程課。即無論夏楚，雖呵責之言，未始一聞之也。」陳確父親熟讀理學書、而乾初則不喜理學家言，終成爲一不囿於理學的思想家。《先世遺事紀略》記云：「一日，從容謂確曰：『兒熟〈通鑑〉否？』確謝未能也。父曰：『讀書不熟〈性理〉、〈通鑑〉，則生平所讀何書？吾於〈性理〉、〈通鑑〉，至今能成誦，不失一字。即失一字，爾祖向且譴死我矣。』生平督責之言，僅聞此，猶莞爾而語之，因授〈性理集要〉一書，確終不能讀也。確之怠棄先命，類此。」陳確父親的爲人，躍然紙上。

　　陳確四兄弟，乾初排行最幼。

〔註10〕《陳確集》，〈先世遺事紀略〉，頁525。
〔註11〕見前註10，頁526～527。
〔註12〕見前註10，頁527～530。
〔註13〕見前註10，頁531～534。

乾初伯兄貢永，字腹貞，乾初《哭伯兄文》丙申譽之：「通智鴻略、曠適、多才能事、篤孝」等。〔註14〕伯兄非常疼愛乾初。兄弟之情，乾初亦難以忘懷：「伯兄於確，兼有父師之恩，維持教養，以至今日，嘗欲一日之成，以圖涓埃之報！」、「伯兄愛確，尤倍常等。兄有詔於確，確未能盡從；確凡請於兄，兄靡勿俯聽者。確則不恭，而兄愛彌篤。」〔註15〕

乾初仲兄思永，字茂修，一字萬章。伯兄、仲兄對乾初都抱有期望《哭仲兄文》己亥：「確自年十五，從仲兄於祝；十九從伯兄於靈泉山；二十，又從仲兄於審山之陰；皆許以有成。二十年後，確始違兩兄教、餬口於他，卒黷放無成，負兩兄實深。」「崇禎己巳七月，遽有叔兄之喪；明年九月，又有吾父之喪，詩書誤人，百死奚贖！確自此已絕意榮進，兩兄勉之，姑出竊一衿，非其願也。而兩兄又期以遠大，久之，終無所成。兩兄之才，亦數困場屋，未有所遇。會申、酉之難，確從兩兄並棄舉子業，優游養母。未幾，伯兄遘疾，不離床褥者六七年；丙申三月。忽焉見背，則仲兄愛確，尤倍恆昔。」〔註16〕乾初四十九歲，有《書仲兄六十詩》，可見他與伯兄、仲兄、母親間相處的樂趣。〔註17〕

乾初叔兄原名配永，字亦光，改名祥龍，字我旋，號龍徵。乾初以兄為師，三位哥哥中，他尤敬畏三兄：「余兄弟四，家貧，力不能從師，嘗以兄為師、伯仲皆余師，三兄則嘗全予師伯兄，不予師者，而余之憚三兄者，乃甚於伯仲。三兄在余兄弟中，最號端謹：生平不二色，不妄入一文，不苟言笑，冠衣整潔，周規而折矩，踽踽類學道者。」〔註18〕陳確自述因年少氣盛，曾經開罪別人，由三兄代為陪罪，《我旋足傳》云：「余少年任氣，嘗以言忤族達者，有意督過之，余怒不為謝，三兄乃代為請解。後同牀夜臥，從容謂余曰：『吾始不言，懼傷弟心；然若昔所為，非當於理者也，有道者固如是乎？』余肅然起謝，蓋言不煩而理足，詞和而峻，能使人自警動。其教多士，類如此。故士之遊其門者，既畏其威嚴，而亦樂其簡易也。」叔兄對乾初歲試成績，憤憤不平：「蓋歲試三等，於事無關係，士亦每不以介懷；而三兄謂吾力學而見絀，殊不能乎，此亦凡事認真之過也。」乾初叔兄「下惟發憤，於《五

〔註14〕《陳確集》，頁333。
〔註15〕同前註14，頁332～333。
〔註16〕同前註14，頁334。
〔註17〕《陳確集》，頁691，〈壽仲兄六十〉詩。
〔註18〕《陳確集》，頁278、279，〈我旋克傳〉。

經》、諸子無不手纂錄，熟誦之，其爲文，始蒼茫尙氣，後益轉以經史，歸之醇雅。」然其下場，卻令人唏噓：「三兄體素清，既好學深思，必血少耗矣；又適不快意；得牙鮮疾，湧血不止而死。」〔註19〕

陳確家人，數目不少，《母誕》詩：「盈頭雪白二三子，繞膝冰清十四孫」注云：「道永子二，長翼，字敬之，敬齋、生崇禎壬申，時年十五，次禾，字若木，生順治甲申，時年三歲。

乾初長子翼，本名仲，後更名翼。陳確記仲易名之緣由云：「端莊靜愼者，望而知爲學人；慢易輕誕者，望而知爲草野市井人。汝舉止言動，多不循禮，吾甚憂之。況年漸長大，今又成昏，可不戒哉！今更名汝曰翼，字曰敬之。」〔註20〕

乾初次子禾，字若木，早夭。禾兒自幼多病、痢瘡相禪，仍然好學不倦；「此兒雖病不忘學，讀書作字日起挣；讀書十徧略能背，作字數行頗秀勁。」〔註21〕

陳確愛子之情，溢於言表。他告戒禾兒即日要立志，不許與諸孫着棋及諸戲；他見翼兒居喪無大悖禮處則稱譽之。〔註22〕陳確《示兒帖》訓勉之辭也不少。〔註23〕

陳確六十歲時，撰《居楊橋記》云：「吾妻頗勤儉，已先我死十有四年矣。澄兒極愿慧，十歲而殤；翼兒漸知學，已館於外，不奉晨夕；禾兒極頑梗；觀女三四歲時便曉人意，五歲即殤；長女在家，向不閑內事，及適人，又頗以能聞；兩媳並未能宜家，聞其姊妹皆勝是，則吾之所命于天者，蓋可知矣！反不安命，以遺餘年，此吾之所以窮苦而無怨者也。」〔註24〕可見乾初樂天知命，雖貧窮而並無怨言。

第三節　陳確的師友和交遊

陳確十二歲從伯兄問學，十六歲從仲兄學於園花祝晉武家及應童子試。《我旋足傳》說：「余兄弟四，家貧，力不能從師，常以兄爲師，伯仲皆余師。」

〔註19〕同前註18。
〔註20〕《陳確集》，頁383，〈書示仲兒〉。
〔註21〕《陳確集》，頁689，〈禾兒〉。
〔註22〕《陳確集》，頁384～386，〈書示兩兒〉、〈婦喪中示翼兒〉。
〔註23〕《陳確集》，頁386～390，〈示兒帖〉丁未。
〔註24〕見吳騫《陳乾初先生年譜》卷下——羅振玉《雪堂叢刻》本。

少年時代的陳確，便是以伯兄貫永、仲兄思永爲師的。四十歲從學劉蕺山，乾初「著書滿家，無非修明證人之遺旨，闡發愼獨之微義」，（吳騫《陳乾初先生年譜》序），卒成爲蕺山高弟，配享子劉子祠堂（見全祖望〈子劉子祠堂配享碑〉）

與陳確交往較密的同學友人及其著作可列表如下：

劉宗周（蕺山）
- 黃宗羲（太冲、梨洲）：《梨洲遺著彙刊》《南雷餘集》（〈風雨樓叢書〉）
- 張履祥（考夫、楊園）：《楊園先生全集》《楊園先生未刻稿》
- 祝淵（開美、月隱）：《祝月隱先生遺集》（〈適園叢書〉，又單刊本〈重訂祝子遺書〉
- 吳蕃昌（仲木）：《祇欠盦集》（適園叢書〉）〔註25〕

陳確一生之中的摯友，大概有如下一些人：劉汋、吳裒仲、查石丈、來成夫、蔡養吾、沈朗思，此外還有兄子陳易、陳枚等等。〔註26〕茲按吳騫《年譜》順序論述陳確的師友生平如下：

1625 年、乾初二十二歲：秋遊武林，與董爾立同寓湖上。

董東隱：纘緒，字爾立、號補齋、海寧人，性超曠，以山水爲家，清軍佔領南京後即屏居韻弦山樓，山在州東，故又稱東隱。與乾初來往頗密，其侄八公又爲乾初之婿，乾初因作《韻弦老人傳》，今存集中。〔註27〕

1630 年、乾初二十八歲：冬、始與祝開美孝廉定交。

《明史》卷二五五：「淵，字開美，海寧人，……宗周罷官家居，淵數往問學。嘗有過，入曲室長跪流涕自撾。杭州失守，淵方葬母，趣竣工。既葬，還家設祭，即投繯而卒，年三十五也。踰二日，宗周餓死。」

祝淵乃跟隨劉宗周徇義其中一位義士，〈海寧縣志〉理學傳有傳。在同門之中，陳確很欣賞祝淵的求學態度云：「吾友祝子開美，在蕺山之門最稱好學，有『庶乎回也』之嘆，惜其死踰顏子亦止三歲耳。」又云：「開美之學，尚實踐，以知過改過爲功，以兢兢无負其本心爲要。本心者，道心也。」

〔註25〕見侯外廬《陳確哲學選集》序，科學出版社，1959 年版。
〔註26〕見辛冠潔《陳確評傳》，《中國古代著名哲學家評傳》續編四，頁 395，齊齊魯書社，1982 年 9 月版。
〔註27〕《陳確集》，頁 85。

〔註28〕陳確、祝淵二人論學、意見相左，陳確析述云：「開美邃于理學，而確不悅理學家言，故不甚悉其是非。崇禎癸未八月，與開美同舟入剡。開美自言『吾學本象山、陽明，而謂程、朱之說非是。確時不甚爲然。開美則頻舉先生之言爲證，確亦不甚爲然。蓋以習聞良知之學之近禪，而程朱之言之爲儒者所宗，必有取爾也。』」〔註29〕總言之，劉宗周以慎獨爲學，祝淵因論其本心之學。陳確的體會就是：「獨者，本心之謂，良知是也；慎獨者，兢兢無失其本心之謂，致良知是也。」〔註 30〕陳確有五古詩〈同祝子開美游雲棲歸途有述〉、〈與祝子若耶道中〉，七律《哭祝子開美》四首，〔註31〕可見二人交情不俗。

1635 年、乾初三十二歲：

　　時與友人結社黃山許氏之枕濤莊，唱和尤密。乾初友人指：韓子有、董爾立等。乾初詩集有五古〈六月枕濤山中〉、七律《夜宿枕濤莊》、《枕濤莊晚興》等詩。

1643 年、乾初四十歲：從學蕺山先生。

　　九月，又與祝開美、吳仲木至山陰。

1645 年、乾初四十二歲：

　　正月、復與祝開美至山陰謁蕺山先生。

　　乾初從學蕺山，不逾三載，然而蕺山之學，卻傳於海昌。陳確的同門如黃宗羲、祝淵、惲日初、姜希轍、吳蕃昌、張履祥等，皆列入蕺山弟子籍。〔註 32〕乾初之於師，推崇備至。說：「先生『慎獨』二字，能起千百載以往既死之神聖賢人而復生之」〔註 33〕乾初又說：「惟吾夫子之道，廣大神化，雖死猶生。」〔註 34〕

　　「吾師之聖，無愧孔、姬，第確之頑，有踰亢、予。」〔註 35〕「師之厚

〔註28〕《陳確集》，頁 239，〈輯祝子遺書序〉。
〔註29〕同前註28。
〔註30〕〈祝子遺書序〉見《祝月隱先生遺集》五卷（適園叢書本）。
〔註31〕《陳確集》，頁 631，744。
〔註32〕蕺山弟子籍，見《劉子全書及遺編》（上），明・劉宗周撰，岡田武彥解說，中文出版社。
〔註33〕《陳確集》，頁 396，〈書山陰語抄後〉。
〔註34〕同註 33，頁 309，〈祭山陰先生文〉。
〔註35〕同上註，頁 308，〈祭山陰劉先生文〉丙戌五月。

德，永世其馨，敢陳告詞，激切屏營！」〔註36〕

1646 年、乾初四十三歲：

　　春日，與同志十餘人會於道士韓養元黃山嶺閣、分韻各賦詩數章。陳確的友朋，包括：祝夢得（錫文）、孫幼安（宏）、僧瞿雲、養元弟子眞覺、先生壻董典瑞、猶子爰立等。

1649 年、乾初四十六歲：

　　八月、遊黃山，先生姪爰立集同志八人於東垞，爲省過之社。按：省過社同人大半爲陳確之子姪或學生，姪四人，陳枚，字爰立；陳錫世字潮生；陳楫世，字彭濤；陳煌世，字橙光；學生二人：許全可，字欲爾；許畬，字大辛。此外則二查子；查嗣琪，字石丈；查樂繼，字二雅。〔註37〕

1653 年、乾初五十歲：

　　正月、同吳仲木至山陰，校蕺山先生遺書于古小學，并與諸同學修春祀。

　　《靜志居詩話》卷二十二：「吳蕃昌，字仲木，海鹽學生。仲木，貞肅之子，師事劉念臺先生，與海寧陳確、桐鄉張履祥考父，講洛、閩之學，詩非專務。」〔註38〕仲木和乾初，同學之誼頗深，交往亦極密；但論學與張履祥同調，而不滿於乾初，又死年僅三十五，故乾初雖熱誠敦篤，亦未能降心相從。〔註39〕

　　同年、乾初偕劉伯繩、吳仲木、林愼修再游雲門寺。

　　劉伯繩、名汋（1612～1664）宗周子，父死，二十年閉門不出。著有《禮經考次》。〔註40〕《靜志居詩話》有傳。乾初不同意伯繩論學之觀點，故移書和他討論。要言之：

1. 伯繩以不善誣情才，乾初主氣、情、才有善而無惡。
2. 伯繩不言性善之體，乾初主性即是體，善即是性體。
3. 伯繩謂工夫有精粗微顯，精微之功，無過無欲主靜、觀未發氣象、居

〔註36〕同上註，頁 310，〈告山陰先生文〉。
〔註37〕《陳確集》，頁 228，〈諸子省過錄序〉。
〔註38〕朱彝尊《靜志居詩話》下冊，頁 684，人民文學出版社，1990 年版。
〔註39〕《陳確集》，頁 73，〈與吳仲木書〉又《祇欠盒集》八卷有民國張鈞衡輯《適園叢書》傳鈔刻本。
〔註40〕見《梁啟超論清學史二種》，頁 268，朱維錚校注，復旦大學出版社，1985 年 9 月版。

敬存養、察識端倪等項；乾初卻闢之爲禪。

4. 伯繩責乾初「只在誠身素位做工夫，未免鹵莽粗浮之病；乾初不同意。

5. 伯繩教乾初『虛心理會古人之言，直勘到此心此性、吾命吾天、至微至密處』乾初則主『下學工夫、素位之學』。」

乾初唯佩服伯繩「舍倫常日用，更無性命」一語。〔註41〕

同年九月二十九日，率子翼過桐鄉，時考夫與邑中同志舉葬親社於清風里，延先生主其事。

張履祥（1611～1674），字考夫，桐鄉人。明諸生。世居楊園村，學者稱爲楊園先生，《清史稿》卷四八○介紹其學說：「初講宗周愼獨之學，晚乃專意程朱。踐履篤實，學術純正。大要以仁爲本，以修己爲務，而以《中庸》爲歸。」楊園與乾初論學頗不合，試略言之：

1. 楊園謂「竊以爲今之靡然向風者，非王氏之學乎！」乾初云：「弟說絕不本陸、王。」

2. 楊園謂「〈大學〉之書其在，自篇首至末簡，何一章之不及行乎？」乾初主：「〈大學〉言知不言行，爲禪之權輿。」

3. 楊園謂「謂〈大學〉爲非孔、曾親筆之書，則固然已；謂〈大學〉爲非孔氏之道、曾氏之學，則必不可。」乾初則主張：「苟終信爲孔、曾之書，則誣往聖，誤來學。」

4. 楊園說：「知行本二也，故言知先行後可也，知行並進可也，而倡爲『知行合一』之說，乾初主張：行到然後知到。」

5. 楊園云：「夫心何常之有；人心不同，有如其面，惟斯理，天下古今一也，推其本末，心即理也。」乾初云：「道理要常信之於心，未可全憑古人。」
〔註42〕

1654 年、乾初五十一歲：

與祝二陶、許大辛諸人爲輸歲之會，以膳貴池蔡沛來雲，作《山中約》。

祝瀟：字子霖，號二陶，祝淵諸弟之一。

許大辛：許芝田子，名崙，與侄欲爾皆從乾初學；遵蕺山〈人譜〉爲省過會。〔註43〕

〔註41〕見《陳確集》，頁 464～472，〈與劉伯繩書〉。
〔註42〕見《陳確集》，頁 590～602，585～590，〈答張考夫書〉，頁 552，〈大學辨〉。
〔註43〕見《陳確集》，頁 65，〈與韓子有書〉，頁 69，〈與許芝田書〉。

《年譜》案：是時同會者，為祝眉老洵文、蔡養吾遵、查封婁旦、陳皷濤梫世、查石丈嗣琪、陳潮生錫世、祝二陶沇、許大辛龠、吳仲木蕃昌、陳爰立枚、許欲爾全可、陳槎光煌世、查二雅樂繼、祝子霖瀟、查逸遠遵、吳謙牧袞仲、及先生與子敬之翼。

1662 年、乾初五十九歲：

乾初最後一次參加集會講學、所集人士又最多。「三十二人中，年最長者為朱子凡先生；次沈德甫先生、邱維正先生、董穉升兄；次確，次蔡養吾、鄭休仲、張白方、張考夫、屠子高、錢雲士、許大辛、徐炯一、許欲爾、查二雅、徐孝先、徐敬可、許子受、許孝先、潘復兮、蔡伯蜇、祝鳳師、虞瀾菴、吳汝典、祝萊邨、鄔子善、及予族弟祖懷，猶子錫、枚、子翼其最幼者，則德甫之幼子、大辛之幼弟二童子云。」〔註44〕

1664 年、乾初六十一歲：

三月、至澈川晤葉靜遠父子。

1665 年、乾初六十二歲：

二月十四日，往佛山送蔡養吾之喪、養吾先生患難交也。

蔡遵，原名宸襄。字上生，號養吾。乾初與之交誼頗深，為之作〈蔡養吾子傳〉，見集中。〔註45〕〈蔡養吾子傳〉說：「龍山素心之交，指不勝屈，而世儒多言陳、蔡。先友祝子之與吾二人交，尤稱莫逆。」〔註46〕

1676 年、乾初七十三歲：黃太冲致書與先生。《清史稿》卷四八○：

「黃宗羲，字太冲、餘姚人，……宗羲之學，出於蕺山，聞誠意慎獨之說，縝密平實。」乾初致書梨洲譽之云：「仁兄以碩德宏才，擴無類之教，喚醒羣迷，吾道幸甚。」〔註47〕乾初把世人不敢逾越程朱理學的心習，告訴梨洲：「惟是世儒習氣，敢於誣孔孟，必不敢倍（叛）程朱，時為之痛心。」〔註48〕乾初治學，不尚空言：「為學原不在多言，顧力行何如耳。」黃梨洲致書乾初，亦推崇他：「自丙午奉教函文以來，不相聞問蓋十有一年矣。老兄病如故時，而弟流離遷播，即有病亦不能安居也，況得專心于學問乎！惟先

〔註44〕《陳確集》，頁 233，〈會永安湖樓序〉。
〔註45〕《陳確集》，頁 91，〈與蔡養吾書〉。
〔註46〕《陳確集》，頁 294，〈蔡養吾子傳〉。
〔註47〕《陳確集》，頁 147，〈與黃太冲書〉。
〔註48〕見前註。

師之及門凋謝將盡，存者既少，知其學者尤少。弟所屬望者，惲仲升與兄兩人而已。」〔註49〕蕺山之學主慎獨，梨洲宗誠意、慎獨，梨洲說：「先儒曰，意者心之所發，師以爲心之所存，……自身之主宰而言謂之心，自心之主宰而言謂之意。心則虛靈而善變，意有定向而中涵。意是正之主宰，以其寂然不動之處，單單有箇不慮而知之靈體，自做主張，自裁生化，故舉而名之曰獨。」〔註50〕乾初則說：「故凡云誠者，皆兼內外言；凡云慎獨者，皆兼動靜言。」〔註51〕梨洲云：「不知天地之間，只有氣更無理。所謂理者，以氣自有條理，故立此名耳。」〔註52〕這是黃梨洲理氣一元的主張。乾初卻云：「氣无不善，貴得其養而已，……理足，故氣充。」〔註53〕

乾初的知交，還有下列數人：

1. 查嗣琪，字肇五，號石丈，明末諸生。曾師事劉宗周，篤志省過，以實踐著稱，甲申後，葛巾草屨，絕跡城市，擅文章詩歌，又工書法，與乾初交誼最深。

2. 來蕃，字成夫，蕭山人，亦劉宗周弟子。

3. 沈昀：字旬華，號朗思，仁和人，亦劉宗周門人，以獨行著，隱居授徒以沒。論學與張履祥契合，傾向程朱，故不滿於乾初之辨〈大學〉。

4. 惲日初：字仲升，別字遜菴，武進人，師事劉宗周，而對意爲心之所存一說，心懷疑問，梨洲爲之剖析推究，始爲信服。

5. 徐介：字孝先，仁和人，乾初與之往來頗密，嘗以孝子稱之。

6. 祝錫文：字夢得，祝淵族人，喜文學。表弟爲朱朝瑛康流，弟洵文，宇眉老，又楨文，字季寧，均與乾初爲契友。

7. 吳謙牧，字袞仲，仲木之同祖弟，父名麟瑞，人稱秋浦先生。仲木父麟徵，人稱磊齋先生。

乾初除以兄爲師，從學蕺山外，還以閔辰生爲師。閔辰生，（人生）乾初師。乾初集有《上閔辰生先生書》。《海寧州志》卷七名宦門：閔自寅，字人生，烏程人。崇禎九年，由舉人任海寧教諭，士無貴賤，被其容接；如坐春風。秩滿去，士民爲立去里碑，歷官常州知府。

〔註49〕 《陳確集》，頁 148，〈與陳乾初論學書〉。
〔註50〕 見蘇德用《劉蕺山黃梨洲學案合輯》，頁 88，〈先師蕺山先生文集序〉，台·正中書局，民國 43 年 8 月版。
〔註51〕 《陳確集》，頁 583，〈與張考夫書〉。
〔註52〕 《明儒學案》，卷五十，頁 1175，北京·中華書局本。
〔註53〕 《陳確集》，頁 545，〈其爲氣也四節〉。

　　由上所述，陳確和張履祥、惲日初、葉庭秀、陸世儀等，皆爲蕺山學派的重要成員。〔註54〕

第四節　陳確的學行

　　陳確的生平，已編列成表，可供我們參考者，計有：1798 年、陳敬璋編〈乾初先生年表〉；1937 年、錢穆〈中國近三百年學術史附表〉；1979 年、麥仲貴編〈明清儒學家著述生卒年表〉；1986 年、詹海雲編〈與〈大學辨〉有關之陳乾初事迹著述年表〉，〔註55〕筆者現據吳騫《陳乾初先生年譜》二卷及周駿富《清代傳記叢刊》〔註56〕各條資料，綜述陳確的生平和學行如次。

　　陳確，名道永，字非元（一作非玄），原名籙永，字原季，號遜膚，更名確。字乾初。乾初詩「昔我字非玄，今子易乾初，其德爲潛龍、於名取確乎！」〔註57〕可見其易名之深意。吳騫《年譜》四十四歲條：「四月，具呈本學，求削儒籍，更名確，字曰乾初，辛冠潔認爲是陳確「不與清當局合作的表現。」〔註58〕

　　爲行文方便，吳騫《陳乾初先生年譜》簡稱《年譜》，筆者並把乾初的生平，劃分下列四個階段來敘述：讀書積學期（一歲至卅九歲）、從學蕺山期（四十至四十二歲），著作成熟期（四十三歲至六十歲），晚年臥病期（六十歲至七十四歲）。

（1）讀書積學期（乾初一歲至三十九歲）

　　《年譜》一歲：十月初七日未時，先生生於鳳岡垻之故居

　　　　　　七歲：始入小學

　　　　　　十六歲始應童子試

　　　　　　十八歲：始昏（婚），娶海鹽諸生王廷榮長女

〔註54〕見《中國儒學辭典》，頁 518，郭厚安、趙吉惠主編，遼寧人民出版社，1989年版。

〔註55〕分見：《陳確集》，頁 19～41；錢穆《中國近三百年學術史》下冊，頁 5～29，1989 年 5 月版；麥仲貴編著《明清儒學家著述生卒年表》上冊，頁 236～370，台・學生書局；詹海雲著《陳乾初大學辨研究》，頁 189～223，台・明文，1986年 8 月版。

〔註56〕見前註24；另見：周駿富編《清代傳記叢刊索引》，台・明文書局版。

〔註57〕《陳確集》，頁 639，〈爲舊字有贈〉。

〔註58〕同註26，頁 400。

　　　　二十歲：讀書菩提寺

　　　　三十歲：補博士弟子

　　　　三十五歲：讀書邵灣山中

　　　　三十九歲：時邑苦墨吏殃民，先生率同志數人，聲其狀而斥之。

　　陳確青少年時，崇尚風流。「自幼寄興瀟灑，書法得晉人遺意，撫琴吹簫，時奏於山巔水涯，篆刻博奕，諸好無不工」。（許三禮〈海寧縣志〉、理學傳）讀書不盲從「少讀書卓犖，不喜理學家言」（〈清史列傳〉）；「素不悅理學家言」（〈輯祝子遺書序〉），故「發明理學，尤多心得」。（陳元龍〈乾初先生傳〉）由於「穎悟絕倫，過目成誦」（陳埰孝・〈乾初先生詩集小傳〉），陳確十二歲時已見重於前輩許同生先生。

　　從一歲至卅九歲，陳確遊歷了園花、海鹽、武林、東隅、虞山、黃山、西谿、邵灣山等地，越山浙水的景色，乾初都形諸於筆墨，如：

　　　　「浙水午聲來石枕，越山曉色入溪樓」；

　　　　「越山天杪澄初霧，浙水風高撼遠星」；

　　　　「雲嵐西繞連三浙，風雨南來自六陵」。〔註59〕

十一歲時，陳確曾經調庭父親與伯父之間的恩怨，從此之後，「不說人之是非」成為乾初日後待人處世之座右銘。〔註60〕

　　三十歲，陳確補博士弟子，伯父腹貞公迫他考科舉、拔第三，院試第三補為庠生。〔註61〕不過，乾初始終厭薄舉業，敝屣功名。

　　陳確的居所凡五遷，其歲月及所遷之地，不能悉詳，大抵楊橋之居，則托止最久。〔註62〕

〔註59〕《陳確集》，頁771，〈八月十五寶綸閣社集和從吾道人〉；頁790，〈登黃山嶺閣〉；頁788，〈題韓子有樓居〉。

〔註60〕吳騫《陳乾初先生年譜》卷上
　　　　十一歲條：「記昔、某年十許歲時，吾父與季父小致參商，某出，聞季父詬詈語，甚不能堪，入侍，吾父母問出聞季父云何，某徐對曰，無所聞，然自以而欺吾親，益恨之。季父雖性急戾，而中實無他。不數日，吾父兄弟已相好如初，乃始竊自喜。昔日之隱，未為非日，自後，無論家庭間，即處世，多用此法，得力甚多。」

〔註61〕同前註三十歲條：子翼乾初府君節略，先君子遭伯父覺庵公變後，悲憤激中，欲絕意進取事，至癸酉歲，伯父腹貞公強之甚，不得已勉一赴，博庵黎公賞其文，拔第三，補弟子員。

〔註62〕《陳確集》，頁629，〈遷居詩〉。

（2）從學蕺山期（乾初四十至四十二歲）

《年譜》四十歲：

八月，與祝開美同遊西湖，偕錢聖月、祝開美同渡錢塘，時聖月歸省甬上，而先生與開美入剡，從學蕺山先生。

九月，又與祝開美、吳仲木至山陰。

四十一歲：正月，復與吳仲木渡江至山陰。

四十二歲：正月，復與祝開美至山陰謁蕺山先生；

六月，祝開美以山陰先生手書及所記錄授先生，先生泣受而藏之。

七月，始聞蕺山先生之赴。

陳確從學劉宗周僅逾三載，惟乾初思想，卻深受蕺山的影響。從現存的詩文，歷歷可見。《江水汩汩二章》、《平水東岳廟謝先生》、《歸渡有感》三詩，可見乾初會見蕺山前後內心之感想，及蕺山對乾初之期望。〔註63〕

乾初詩句：

「儒風自昔推東浙、聖學從今溯大明」（〈癸巳正月同澂湖吳仲木較山陰先生遺書於古小學漫賦〉）

「春入江園花木芬，山空晝永坐論文，君恩處處遊筇適，臣節篇篇諫艸焚」（〈乙酉春日侍山陰先生〉）

「師恩獨自戀當日，毋老何能棄故鄉！蕭館夢通心耿耿，炎江塵塞眼茫茫。亂離久未將芻束，每向無人哭斷腸。」（《哭劉念臺師》）

俱見乾初對蕺山之懷念和景仰，蕺山以身殉國，間接影響乾初的求削儒籍，誓不仕清，自從師事蕺山後，乾初「斂華就實，反己力行」（陳琛孝‧《乾初先生詩集小傳》）

「一切陶寫性情之技，視爲害道而屏絕之。向之勇於一往，遇不乎而輒發者，亦視爲任氣而融釋之。」（陳元龍‧《陳氏理學乾初先生傳》）

易言之，乾初性情不再執拗剛強，並且奠定其一生治學的方向。

（3）著作成熟期（乾初四十三歲至六十歲）

《年譜》四十七歲：輯《喪實論》《葬論》作《女訓》

〔註63〕見詹海雲《陳乾初大學辨研究》，頁201。

　　五十一歲：著《大學辨》

　　五十二歲：輯《山陰先生語錄》秋輯《先世遺事紀略》

　　五十四歲：著《性解》、《禪障》

　　六十歲：正月三月，設姚江、山陰兩先生像拜奠、呈〈性解〉二篇。

　　除了上述著述外，陳確五十四歲作《家約》，五十五歲撰《瞽言》，六十八歲著《葬經》；其他文章可考者還有：五十三歲撰《學者以治生為本論》、六十歲著《投當事揭》等。乾初的思想，黃梨洲《陳乾初先生墓志銘》把它概括為：

1. 論性：主性善，性善於擴充盡才後見；
2. 氣清濁：氣質無不善，不善是習；
3. 本體：無工夫即無本體；
4. 天理人欲：人心本無天理，天理正從人欲中見。〔註64〕

　　防火、水利、井田、治生、葬埋等風俗問題，乾初亦有論述。

（4）晚年臥病期（六十歲至七十四歲）

　　《年譜》六十歲：秋，得風疾，時獨居楊橋。

　　　　　　六十七歲：時先生久抱風疾，動止常須人扶掖。

　　　　　　七十四歲：七月二十四日，以老疾卒于楊橋之居。

　　陳確「至六十左右，得顫攣疾，拘困者十五載。」〔註65〕由於行動不便，必須別人扶持，故常有「臥奇空林下，蓬蓬絕常餐」之歎。〔註66〕這種手足之病，確實令人難受：「衣食須他人，跬步煩扶攜、爬搔莽不着，痛癢祇自知。」以至於「爾聽且日訛、爾視且日迷、爾髮已盡禿、爾齒亦漸稀、鼻不聞馨香，口語故期期，元首尚如此，股肱安足嗤！」〔註67〕六十五歲時，陳確笑稱自己終年不窺鏡：「吾年六十五、臥痾七寒暑，手足久不隨，百骸動如鎖。終歲不窺鏡，容顏定可駭，那知還其體、奚殊木與土。」〔註68〕六十六歲左右，陳確以病夫自嘲：「病夫無一能、惟恃眠與坐，豈知久而變，眠坐俱不可」「病

〔註64〕見楊向奎著《清儒學案新編》二之〈乾初學案〉，齊魯書社，1988 年 6 月版。
〔註65〕《陳確集》，頁 14，陳翼，《乾初府君行略》。
〔註66〕《陳確集》，頁 671，〈臥痾〉。
〔註67〕同前註，頁 672，〈予手足之病三年寢加常不能無怨心故詩以解之〉。
〔註68〕同前註，頁 674，〈窺鏡〉。

夫計無之、委身受百苦，非能外形骸，內之故未可。」〔註69〕病夫之生活及日常起居，語語道來，尤為感人：「病夫度日如度年，立酸行蹇坐不安；病夫守夜如守歲，通宵轉側不得睡」「不堪長臥病，人身日蹉跎。」「歲困貧士迫，夜為病夫長。順受吾何憾，隨間揀藥方。」「鶄頸秋林一病夫，支離竹杖賴相扶」〔註70〕儘管晚年臥病，受盡病魔折磨，但陳確無改其樂天知命的志節：「將以順天命，聊用安艱阻」、「哲人貴安命，奚為相怨嗟？」〔註71〕十多年來，陳確足不及中庭，然而「委心任運，翼晝夜承奉，絕不見因疾苦有忿戾之色，變其常度。」〔註72〕

陳確一生之學行，歸納言之：

1. 性格方面：陳確為人叛逆，不侍權貴，太守劉守謙知先生貧，欲有所贈，逆探先生意欲云何，乾初終無一語及干請事。〔註73〕陳確生性耿介，此其一。海寧有貪令為民害，陳確誓以一身為百姓請命、奔控各臺。〔註74〕陳確不畏強權，此其二。

2. 德行方面：陳確「器韻拔俗」，「力行孝友，雍雍一室。居母喪，手寫〈孝經〉百餘冊以志哀。」〔註75〕

3. 處世方面：陳確「為人剛直，尚氣節」（《海寧縣志》）；「社集講會，以為無益身心，每婉辭不赴。」（陳元龍〈陳氏理學乾初先生傳〉）

4. 待人方面：陳確「其於友朋，一事偶乖、必正色相告。」（鄧之誠《清詩紀事初編》）

5. 文學方面：陳確「詩文清真大雅，寄託深遠，尤深於禮，善屬文、工議論，詩有情韻。」（鄧之誠《清詩紀事初編》）

阮元《兩浙輶軒錄》記陳確：「乙酉後（西元1645年），乾初靜修山中，幾二十年」許三禮《海寧縣志》推崇陳確云：「蕺山之學，傳于海昌，確與淵庶幾同所歸乎！」

〔註69〕同前註，頁676，〈病夫前篇〉，頁677，〈病夫後篇〉。
〔註70〕同前註，頁698，〈中秋偶書〉、頁715，〈臥病〉、頁785，〈病夫〉。
〔註71〕見前註67、69。
〔註72〕見前註65。
〔註73〕同前註60，三十四歲條。
〔註74〕見陳埰孝《乾初先生詩集小傳》；同前註，三十九歲條。
〔註75〕見徐世昌《清儒學案》卷二，頁61，中國書店，海王邨古籍叢刊，1990年9月版。

第五節　陳確的著述

　　陳確的著述，長時期被埋沒，到 1854 年，他的《葬書》才由無名氏初次刊行。〔註 76〕陳確的族玄孫陳敬璋（1759～1813）於一七九八年編成了《陳乾初先生遺集》四十九卷，惜編定以後，並沒有付梓。《海昌備志》卷三十一〈藝文〉五及卷四十七〈藝文〉二十一載《陳確乾初先生著述目》及《補目》，茲列於下：《大學辨》四卷、《葬書》四卷、〈叢桂堂家約〉一卷、《俗誤辨》一卷、〈先世遺事紀略〉一卷、〈辰夏雜言〉一卷、〈講義〉二卷、〈瞽言〉四卷、〈山中約〉一卷、〈女訓〉一卷、〈補新婦譜〉一卷、〈學譜〉、〈蕺山先生語錄〉、〈乾初道人詩集〉十二卷、〈文集〉十八卷、〈別集〉十九卷、〈山陰語鈔〉等。〔註 77〕上列著述，除了〈山中約〉、〈蕺山先生語錄〉、〈山陰語鈔〉外，俱見於《陳確集》。關於以上三書，說明如次：

　　1.《山中約》：一卷、吳騫《年譜》繫於 1654 年，乾初五十一歲之作，謂「與祝二陶、許大辛諸人為輸歲之會，以膳貴池蔡沛來雲，作《山中約》」，並有序言。

　　2.《蕺山先生語錄》：吳騫《年譜》繫於 1655 年，乾初五十二歲輯。〈補目〉列有〈山陰語鈔〉，並說有書後，《陳確集》卷十七有〈書山陰語鈔〉後一文。此外，孫鳳藻等〈續修海寧州志稿〉〈藝文志〉，所載陳確著作目錄亦列有〈山陰語錄〉，由此可知〈蕺山先生語錄〉或〈山陰語鈔〉同是陳確輯錄他的老師劉宗周的言論。〔註 78〕可惜這部遺稿至今仍未發現、成為佚書。鄧立光論證〈山陰語鈔〉即〈蕺山先生語錄〉〔註 79〕也是符合歷史事實的。

　　陳確的著作，據吳騫〈陳乾初先生年譜〉，有著作年代可查的。有下列十種：1650 年乾初四十七歲：〈喪實論〉、〈葬論〉、〈女訓〉

　　1653 年乾初五十歲：〈大學辨〉

　　1654 年乾初五十一歲：〈山中約〉

　　1655 年乾初五十二歲：〈山陰先生語錄〉、〈先世遺事紀略〉

　　1657 年乾初五十四歲：〈性解〉、〈禪障〉

〔註 76〕《陳確集》，點校說明。
〔註 77〕《陳確集》，頁 45～48。
〔註 78〕見前註 76。
〔註 79〕鄧立光《陳乾初研究》，頁 213，台・文津，1992 年 7 月版。

1671 年乾初六十八歲：〈葬經〉

而據陳元龍〈乾初先生傳〉，還有〈學譜〉、〈喪俗〉、〈叢桂堂家約〉等三種；據孫鳳藻等續修〈海寧州志稿・藝文志〉還有〈俗誤辨〉、〈辰夏雜言〉、〈瞀言〉、〈新婦譜補〉、〈山陰語鈔〉、〈講義〉等六種。這些著作，大部分均已收入他的詩文全集。〔註80〕

第六節　陳確的學術宗旨

一個思想家的學術宗旨，和他喜歡讀的書，以及對經、史、子、集的去取，關係至為密切。陳確的一生，對理學始終抱有嚴謹的批判態度。《清史列傳》謂乾初「不喜理學家言」，父親覺菴公迫他讀理學書，乾初也不以為然。《先世遺事紀略》覺菴公條載：「因授《性理集要》一書，確終不能讀也。確之怠棄先命、類此。」

陳確尚友古人，他推崇、效法的對象，在其詩句、文句中，屢屢提及而心嚮往之。例如：儒家聖人的道統，包括：

「奚如周文王，望道未見之！默識我何有，尼山豈飾詞！喟然嘆高堅，顏氏其庶幾。」《至道篇》〔註81〕

「孔周既以沒，典禮復誰遵」〈懷徐子孝先〉〔註82〕

「卓哉顏孟志，歷歷宜可求」（〈乙未四月翠薄山中呈桐鄉張考夫〉）

〔註83〕

他們是：周文王、周公旦、孔子、孟子、顏子等人。

自孟子以來的學術道統，包括：

孟子、王陽明、劉宗周、二程等人：

「子輿稱性善，伯安合知行，卓哉二子言！吾道之干域。」（〈子輿篇〉）〔註84〕

「憶昔遊山陰，滔滔乘末世，哲人憂喪亂，不替千秋志，眷言集朋儔，竭蹶三之會，肅肅陽明祠，確時預執事。」（〈癸卯正月三日設

〔註80〕侯外廬編輯《陳確哲學選集》序言，1959 年，科學出版社。
〔註81〕《陳確集》，頁 654。
〔註82〕《陳確集》，頁 646。
〔註83〕《陳確集》，頁 648。
〔註84〕《陳確集》，頁 651。

陽明山陰兩先生像拜之呈性解二篇感賦一首〉〕〔註85〕

「一家學術程夫子、百代文章蘇弟兄」（〈哭吳秋浦先生〉）〔註86〕

《謦言》、〈學譜〉，陳確羅列名賢學術宗旨，教人效法，包括：孔子、子夏、孟子、周敦頤、程伊川、張載、朱熹、陸九淵、張軾、王陽明、劉蕺山、祝開美、吳裒仲等人。〔註87〕

陳確看重經學、史學、子學。他說：「館席久廢、經史不理，學道之心，轉益粗戾、上負吾師、下慚吾友、生之大罪、二也。」（〈祭山陰先生文〉）〔註88〕朱彝尊記乾初：「說經鏗鏗、詩不求工、然亦流暢。」〔註89〕陳確稱譽祝開美說：「于五經、諸子百家，無不精究，皆有所論述，莫肯一刊行。」〔註90〕由此而知，陳確重視經子之學，他認為儒生必須遍讀：〈四書〉、〈五經〉、〈性理〉、〈通鑑〉、《左》、《國》、子、史及秦漢以來之文，而後謂之真儒。」（〈金剛會問〉）〔註91〕陳確又認為：「借有市人之子，偶能誦習〈大學〉、〈中庸〉，便囂然自號為儒者，則諸儒必笑之矣。」〔註92〕

詩論方面，陳確主張：「詩以導性情，感物詠懷，不得妝點一字。今人作詩，只顧好看，詩家一燈，滅不復續，余未嘗不為三歎。往作詩，嚴割浮句、宛轉清峭，尤于此篇。」〔註93〕

文論方面，陳確認為：「文不可無意，意太盡則不厚；不可無法，法太備則不古。知此者可以為文，可與論文矣。」〔註94〕

從以下的句子中，乾初取法的詩人、文人，我們便可略知一二：

「起衰惜韓、柳、極盛愁李、杜」（〈天地〉）

「古文至韓柳，時文至黃蘊生、天下之能事亦畢矣。」（〈書韓柳集後〉）

「元白全編隨意誦，歐蘇選集恣情揮。」（〈辭山〉）

〔註85〕 《陳確集》，頁 659。
〔註86〕 《陳確集》，頁 743。
〔註87〕 《陳確集》，頁 463～464。
〔註88〕 《陳確集》，頁 308～309。
〔註89〕 見朱彝尊《靜志居詩話》卷二十二，下冊，頁 701，人民文學，1990 年版。
〔註90〕 《陳確集》，頁 392。
〔註91〕 《陳確集》，頁 372。
〔註92〕 同前註 91。
〔註93〕 《陳確集》，頁 681，〈山夜侯僧不至〉附記。
〔註94〕 《陳確集》，頁 391，〈書韓柳集後〉。

「舊讀杜詩繙更好，老爲狂論恣無憖。」（〈眷夕與同館講杜詩隨各
分韻余得藍字〉）

他們包括：韓愈、柳宗元、李白、杜甫、元稹、白居易、歐陽修、蘇東坡等
名家。

陳確曾經提出「素位」之學，作爲士人入道之門。〔註95〕但無論日用事
爲，修己治人，陳確卻倡言「切實」一詞，而與下學工夫、坐言功夫相連提
出。陳確說：

「學不反之切實，雖人子之於親、有漸於浮僞而不自知者。」（《復
蕭山徐徹之書》）

「爲己爲人本非兩事，諸君只是無切實，爲己之心耳。」（〈復吳仲
木書〉）

「吾輩學問，須一味切近精實，涉分毫浮僞、便去道萬里。」（〈答
沈朗思書〉）

「此弟所謂日用切實工夫，有宜致力焉者，爲此類也。」（〈寄吳裒
仲書〉丙申）

「兄今日困于貧病，不能自拔，正坐學術未明，故功夫尚欠切實。」
（〈寄吳裒仲書〉）

「弟細反病根，只欠切實功夫。略欠切實，便是不誠，便是虛浮之
學，古之學者爲己，今之學者爲人，只爭切實不切實耳。」（〈與吳
裒仲書〉）

「山中所論切實事，總不過克己反求之學。」（〈與吳仲木書〉）

「後儒惟先切實求道之心，故樂虛而惡實，務大而不根。是以語理
解則瑩然有餘，考躬行則歉乎未足。」（〈揣摩說〉）

「大抵吾兄之病，猶患躁急。躁急之故，亦只坐不切實耳。」（〈與
吳仲木書〉）

「學者惟不肯切實體驗于日用事爲之間，薄素位而高談性命，故鹵
莽粗浮耳。」（〈與劉伯繩書〉）

「一事少欠切實，便是浮僞，俗之所謂美、道之所謂賊也。」（〈與
劉伯繩書〉戊戌）

〔註95〕見《陳確集》下述各篇：〈與劉伯繩書〉戊戌、〈近言集〉、〈與劉伯繩書〉、〈學
解〉、〈寄劉伯繩書〉、〈與沈朗思書〉、〈井田〉等。

「今棄其學而學蕺山，事事歸之切實，心專力併、將來成就，或未可量。」（〈答蕭山來成夫書〉）

「〈正蒙〉大半是言天聖事，不若孔、孟之切實遠矣。」（〈近言集〉）

何謂「切實」？歸納上述論點，可分四方面言之：工夫即本體、講日用倫常、重讀書學問和主踐履躬行。

（1）工夫即本體

陳確不滿宋儒高談性命，口口說本體而忘卻日用倫常的工夫，乾初說：「蓋孟子言性必言工夫，而宋儒必欲先求本體，不知非工夫則本體何由見？」（〈原教〉）

「學者惟時時存察此心，即時時是本體用事，工夫始有着落，今不思切實反求，而欲懸空想個『人生而靜』之時，所謂天命而性之體段，愈求而愈遠矣。」（〈與劉伯繩書〉）乾初以為：「本體」二字，不見經傳，此宋儒從佛氏脫胎來者，而「後儒口口說本體，而無一是本體，孔孟絕口不言本體，而無言非本體。」〔註96〕試以「繼善成性」為例，它是一種工夫，可以盡心知性，而謂「繼善成性」是「本體」亦可，故陳確說：「蓋工夫即本體也，無工夫亦無本體矣。」（〈與劉伯繩書〉）陳確眼見自宋朝以來學者的通病，就是只言義理、忽略孝弟忠信之實。乾初云：「今之學者，考其行，則鮮孝弟忠信之實，聽其言，則多義理精微之旨，此宋以來學者通弊。」（《答張考夫書》）又說：「不知家庭日用，處處有盡心功夫，即處處是盡性功夫，吾輩只是當面錯過耳，今學者言道，並極精微，及考其日用，却全不照管，可謂之道乎？」（〈與劉伯繩書〉）

工夫涵義，多指道德踐履或精神修養，或「獨步功夫」、或「遷善改過工夫」或「力行工夫」、或「日用切實工夫」、或「自反功夫」、或「反求功夫」、或「聖賢功夫」，陸寶千以為「作聖之路由此而入，並無他途。」〔註97〕

晚明學者由於厭倦對本體無窮無盡的追求，故論工夫而不合本體，顧憲成（1550～1612）、高攀龍（1562～1626）、孫奇逢（1584～1675）、黃梨洲（1600～1695）等和陳確都以為：「本體就在工夫之中」、「工夫即本體」。

〔註96〕《陳確集》，頁467，〈與劉伯繩書〉。
〔註97〕見陸寶千《清代思想史》第四章，台·廣文，1978年3月版。

（2）講日用倫常

劉宗周說：「學不外日用動靜之間，但辨眞與妄耳。」（《明儒學案》卷六十二蕺山學案）陳確師承宗周說：「舍却日用，亦無處更覓道體。一言一動，無非道也。」（《與祝開美書》）陳確教人於日常生活中知所體驗、學道也並非精深玄妙，而是可以切實體會的。這就是乾初所說的：

> 「兄前答仲木書，有舍倫常日用，更無性命之語，弟甚服卓識。」
> （〈與劉伯繩書〉）

> 「惟賴兄切己反求，體之日用，自當徐有分曉，未易以口舌爭也。」
> （〈與吳仲木書〉）

> 「但吾輩學力未深、或宥于氣質，或牽于習俗，日用動靜，何處非過？何時無過？苟不細心體察，亦何由知之？」（〈與祝鳳師書〉）

> 「吾輩幸逃世網，無所事事，意者竊欲從日用之所體驗，稍扶明前聖之旨，以俟來許，或亦後死之責有宜然者。」（〈與張考夫書〉）

> 「賓昏喪祭，循禮而不循俗，日用飲食，從理而不從欲。以公道爲未公道，失便宜處討便宜，此乃吾之所謂在行、筋節者也。」（〈近言集〉）

> 「是故離日用言道者，辟之則廢食而求飽也，終不可得飽矣。」（〈道俗論〉下）

講倫常日用，盡道克己、不必窮極微妙，究言心性，由此而日進於聖賢，這就是陳確「切實」之旨。下列兩段文字，乾初爲我們指示出一條線索：「學問之事，眞無窮盡。鳳師若肯流俗自安，則目前儘無錯處、儘可自慰。苟不僅安流俗而已，則日用動靜之間，處處是過，必有怵然不敢一息寧者，足下第先求之事母、事諸父間，次求之夫妻兄弟朋友間、旁求之宗親里黨間，下求之僕隸童婢間，處處克己盡道，一言一動莫敢任臆用心。若此，我鳳師雖一日進於聖賢人不難矣。」（〈與祝鳳師書〉）陳確又云：「吾輩今日學問，斷不外家庭日用，舍此更言格致，正是禪和子蒲團上工夫，了無用處也。蓋心有精粗，而境無順逆，見以爲順，即是自足，見以爲逆，即是自是。所謂膏肓之疾，不可廢治矣，學者且耐心于人倫事物，用些水磨功夫，他日經世之學，端不越此，又何性命之可言乎！」（〈柬同志〉）

（3）重讀書學問

　　王陽明的後學「束書不觀、游談無根」，做成不讀書、只談禪的社會風氣。顧炎武指出這是明代覆亡其中一個原因。〔註98〕陳確身處于這個「天崩地解」的大時代，卻提倡讀書，他自己亦能躬行實踐。年幼時從伯兄腹貞公，仲兄孝章公問學；二十一歲讀書菩提寺、三十五歲讀書邵灣山中，四十歲受業劉念臺先生。陳確說：「某非忘情世道者，然竊觀今日事勢，自閉戶讀書而外，他無可為者。」（〈與陸冰脩書〉）又說：「學未始廢讀書，而不止讀書；讀書未始非學，而未可謂學。讀書而不知學，與博奕何異？」（〈學解〉）

　　陳確認為讀書才能處世，不讀書則成為無知的人，他說：「讀書事大，今人一言一動，無有是處，只緣不曾讀書。能讀書乃能處世，安危治亂，無適不可。反是，則動成窒礙。深心讀書，自覺自家不是，不讀書人，雖有過差，惘然不覺也。」（〈寄諸同志〉）至於朱子教人半日靜坐，半日讀書，陳確卻不敢苟同，乾初說：「至相傳要訣，以半日靜坐半日讀書為為學之法，然乎，否與？孟子之『必有事』，〈中庸〉之『須臾勿離』讀書耶？靜坐耶？禪和子受施主供養，終日無一事，嘗半日打坐參禪，半日誦經看語錄，便了却一生，使吾儒效之，則不成樣矣。」（《學解》）

　　陳確談學問，教人要著實、力行、真切、知過改過和好學深思。乾初說：
> 「讀書不能身體力行，便是不曾讀書」（〈書示兩兒〉庚子）
>
> 「為學原不在多言，顧力行何如耳。」（〈與黃太冲書〉）
>
> 「學問不容有依傍，然亦須著實。」（〈復韓子有書〉）
>
> 「學問之道無他，惟時時知過改過。」（〈近言集〉）
>
> 「學問至極真切處，本只乎常，過一分便是務外好高，於為己為人俱不得力。」（〈與吳裒仲書〉）
>
> 「吾之歡，非嘆忠信者之少也，正嘆真好學者之少也。故好學則忠者益忠，信者益信，不學則忠者失其忠，信者失其為信，是所貴于學耳。今之學者不然，深可痛也！」（〈老實說〉）

明末清初的學者，把讀書、做人分作兩件事，內聖和外王不能合而為一，社會上多的是不忠不實的人。陳確針對這種流弊，勸人讀書，切實為己，希望人們成為真好學者。

〔註98〕見《日知錄》卷七，夫子之言性與天道，黃汝成集釋，上海古籍，1985 年 6月版。

（4）主踐履躬行

陳確認為克己盡道、日用動靜之間，必須身體力行，躬行踐履，由此才可掃除禪障。乾初說：「朱子初由察識端倪入，久之無所得，終歸涵養一路，則亦既知其非矣。居敬存養，自是聖學，弟未嘗以為禪而闢之也。」（〈與劉伯繩書〉）又說：「君子只宜反己自修，正是人人吾師，事事吾師，何感憤之能生。」（〈答來成夫書〉丙申）

陳確以為「行」比「知」更重要，在他的文集中，有論恕道、論仁孝、論虛心、論勤與敬、論真切向上心、論事親進學等個人修養，都無非是教人通過踐履躬行，走上聖學的道路而已。

總的來說，陳確對學術的態度，黃梨洲譽為：「其學無所依傍，無所瞻顧，凡不合于心者，雖先儒已有成說，亦不肯隨聲附和，遂多驚世駭俗之論。」（〈陳乾初先生墓誌銘〉）「於先師門下，乾初頗能有所發明。」（〈思舊錄〉）

陳確長子陳翼稱頌其父：「先君子人品、學問、文章一真焉盡之。蓋剗削于名利者盡，故其所得于性天者，具有一種光明正大氣象，流行于語言、動靜、筆墨、文字、疾病、生死之間，蓋無往而不存者也。」〔註99〕可謂是陳確一生的定評。

〔註99〕《陳確集》，頁11，〈乾初府君行略〉。

第二章　陳確的思想背景與淵源

第一節　明末清初的時代背景

　　陳確的一生，經歷了明神宗（萬曆）、明熹宗（天啓）、明思宗（崇禎）、清世祖（順治）、清聖祖（康熙）等五個帝皇的年代。明末清初這一段歷史時期，梁啓超先生把它劃入「近世之學術」期，〔註1〕梁氏說：「自明中葉，姚江學派，披靡天下，一代氣節，蔚爲史光，理想繽紛、度越前古，顧其敝也，摭拾口頭禪，轉相獎借談空說有，與實際應用益相遠橫流恣肆，非直無益於國，而生蟊以自淑，逮晚明劉蕺山證人一派，已幾於王學革命矣。及明之既亡，而學風亦因以一變。」（《論中國學術思想變遷之大勢》）這幾句說話，說明了王學的流弊以及明末清初學風轉變的原因。陳確生活在這個歷史時期，「具呈本學、求削儒籍，更名確，字曰乾初。」（吳騫《陳乾初先生年譜》四十四歲條）又自言：「懇申學憲，永削儒籍。」（《呈學請削籍詞》）；「將卜日告於先聖之廟，隨呈本學，求削儒籍，終爲農夫以沒世」（《告先府君文》）是受到他的老師劉蕺山以身殉明和他的同門祝開美作絕命詞的感召，堅決地走上誓不仕清、明哲保身的道路。錢穆先生推崇明末諸遺老，並譽之爲學術思想史上傑出的人物。〔註2〕陳確便是晚明諸遺老中一位道德與學問兼備的思想家。

〔註1〕見梁啓超《論中國學術思想變遷之大勢》，頁77，江蘇廣陵古籍刻印社，1990年11月版。

〔註2〕參閱錢穆《宋明理學概述》，頁436，明末諸遺老條，台・學生書局，1987年6月版。

明人講論學術，風氣如何？有什麼流弊？學術史家對這個問題、看法較為一致。茲析為二端，略論如下：

（1）束書不觀、游談無根

這是黃梨洲的意見，梨洲「謂明人講學，襲語錄之糟粕，不以六經為根柢，束書而從事於游談，故受業者必先窮經，經術所以經世，方不為迂儒之學，故兼令讀史。又謂讀書不多，無以證斯理之變化，多而不求於心，則為俗學。故凡受公之教者，不墮講學之流弊。」（見全祖望《梨洲先生神道碑文》）明人由於只讀語錄體書、不讀經史，束書不觀、空談心性，這便是他們讀書不多，又缺乏一己之見的弊病。

（2）高談性命、直入禪障

全祖望（1705～1755）說：「不知自明中葉以後，講學之風，已為極敝，高談性命，直入禪障，束書不觀；其稍平者則為學究，皆無根之徒耳。」（見《甬上證人書院記》）〔註 3〕全氏指出明代中葉以後，講學流弊，積習已深，時人學問空疏、袖手只談心性，儒學受到佛老之學的衝擊，使得讀書人多變為空談無根之徒。

陳確對於自北宋以來學者的大病，亦直言指出，陳確說：「宋明諸大儒，始皆旁求諸二氏，久之無所得，然後歸本〈六經〉，崇聖言而排佛老，不亦偉乎！然程、朱謂二氏之說過高，彌近理，則猶是禪障也。非惟程、朱為然也。雖周子之言無欲，言無極、言主靜、皆禪障也，某云：無欲安可作聖，可作佛耳，要之，佛亦烏能無欲，能絕欲耳。二氏之學所以大繆于聖人者，專在乎此，而周子未之察，故曰禪障也。」（《禪障》‧〈瞽言〉三）陳確認為理學家若不能本諸儒家經典，排斥釋老，站穩自己的立場，便會陷於禪障。像周敦頤，他言無欲、無極、言主靜，而佛亦言無欲，周子便會陷入禪學的框框之中，而程朱二人亦是。陳確又說：「今之學者，大柢皆舍其所已明，而日求其所未明，無論未明未必能求，藉令求得，猶只是已明故智，要皆未離乎虛知見而已。未離乎虛知見，即未離乎禪，此宋以來學者大病，弟每痛此入於骨髓，深欲與同志一洗斯惑也。」（《復吳裒仲書》乙未）

其實，王陽明學說弊病，劉宗周已一早覺察到了：「自文成而後，學者盛談玄虛，偏天下皆禪學。」（《劉子全書‧年譜》）王學末流學風空疏，虛玄不

〔註 3〕《鮚埼亭文集選注》，全祖望著、黃雲眉選注，齊魯書社，1982 年 12 月版。

實，只顧空談心性、缺少了朱子教人讀書踐履、謹守師承的風氣。這就是張廷玉所說的：「宗守仁者曰姚江之學，別立宗旨，顯與朱子背馳，門徒徧天下，流傳逾百年，其教大行，其聲滋甚。」(《明史》卷二八二）王陽明良知之學，要求人們反躬內省，直指本心，其學說之價值是無容置疑的。通讀《明儒學案》一遍，便可體會黃梨洲撰述是書用心之所寄：表彰陽明學。黃梨洲云：「先生（王守仁）承絕學於詞章訓詁之後，一反求諸心，而得其所性之覺，曰『良知』，因示人以求端用力之要，曰『致良知』。良知為知，見知不囿於聞見；致良知為行，見行不滯於方隅。即知即行、即心即物、即動即靜、即體即用、即工夫即本體，即下即上、無之不一，以救學者支離眩鶩，務華而絕根之病，可謂震霆啓寐，烈耀破迷，自孔孟以來，未有若此之深切著明者也。」(《明儒學案》·師說·王陽明條）不過，梨洲亦指出陽明後學流為狂禪之原因：「陽明先生之學，有泰州、龍溪而風行天下，亦因泰州、龍溪而漸失其傳。泰州、龍溪時時不滿其師說，益啓瞿曇之秘而歸之師，蓋躋陽明而為禪矣。」(《明儒學案》卷三十二泰州學案一）總之，姚江之學的流弊，「不失之空疏杜撰鮮實用，則失之恍惚虛寂雜於禪」(李顒·〈富平答問〉）〔註4〕

　　由於虛文日盛，空疏不學，明末清初的學風轉移為返虛就實，試舉其犖犖大者證之：

　　（1）長乾初二十歲的孫奇逢（1575～1675）云：

　　「今舉世皆病，而實者日益補，虛者日益泄，求其愈自不可得，且并其虛實莫辨。」(《夏峰集》卷七·寄張蓬軒）

　　（2）長乾初四歲的朱之瑜（1600～1682）說：

　　「學問之道，貴在實行……豈非聖賢之學，俱在踐履。」(《朱舜水集》上冊〈答安東守約問八條〉）

　　（3）幼乾初三歲的傅山（1607～1684）云：

　　「文章為實用，世界忌名高」(《霜紅龕集》卷五，即事口占為友人勸酒）

　　（4）較乾初年輕九歲的顧炎武（1613～1682）謂：

　　「昔之清談，談老莊、今之清談，談孔、孟，未得其精，而已遺其粗，未究其本，而先辭其未，不習六藝之文，不考百王之典，不綜當代之務，舉夫子論學、論政之大端一切不問，而曰一貫，曰無言，以明心見性之空言，

〔註4〕引自《中國學術流變——論著輯要》，馮天瑜、彭池編，頁409，湖北人民出版社，1991年10月版。

代修己治人之實學，股肱惰而萬事荒、爪牙亡而四國亂，神州蕩覆，宗社丘墟。」（《日知錄》卷七，夫子之言性與天道條）

（5）較乾初年輕廿三歲的李顒（1627～1705）云：

「窮理致知，反之於內，則識心悟性，實修實證；達之於外，則開物成務，康濟群生。夫是之謂明體適用。」（《二曲集》卷十四，盩厔答問）

（6）晚乾初出生卅一年的顏元（1635～1704）說：

「人之爲學，心中思想，口內談論，盡有千百義理，不如身上行一理之爲實也。」（《顏習齋先生言行錄》卷上，剛峰第七）顏元又說：「齋以習名者何？藥世也。藥世者何？世儒口頭見道，筆頭見道，顏子矯枉救失，遵〈論語〉開章之義，尙習行也。」（《習齋記餘》卷首）

（7）顏元的後學李塨（1659～1733）也指出：

清初數十年社會動蕩，王陽明心學盛極而衰，程朱理學乘間後起，河南、河北一帶「人人禪子，家家虛文」（李塨〈顏習齋先生年譜〉卷下五十八歲條）李恕谷說：「程、朱、陸、王、非未離於誦讀，即混索於禪宗」（〈李恕谷年譜〉卷二·三十一歲條）又說：「今之虛學可謂盛矣，盛極將衰，則轉而返之實」（《恕谷後集》卷一〈送黃宗夏南歸序〉）李恕谷由此而強調一「實」字：「紙上之閱歷多，則世事之閱歷少；筆墨之精神多，則經濟之精神少」（清馮辰、劉調贊撰《李恕谷先生年譜》卷二·二十九歲條）

總的來說，近人研究明末清初的時代背景，不約而同地提出「實學」的角度，而有下列種種的說法：

相率務實（嵇文甫說〔註5〕）、講求實際（戴逸說〔註6〕）、重視功利與實用（韋政通、張舜徽說〔註7〕）、黜虛崇質（齊思和說〔註8〕）、由空返實（梁啓超說〔註9〕）、提倡實學（柳詒徵說〔註10〕），而形成一股實學的思潮。（陳

〔註5〕 見《嵇文甫文集》上冊，頁60，〈十七世紀中國思想史概論〉，河南人民出版社，1985年9月版。

〔註6〕 見戴逸〈清代思潮〉，引自《論中國傳統文化》，頁317，中國文化書院講演錄，第一集，北京三聯，1988年1月版。

〔註7〕 見韋政通《中國思想史》第四十章，台·大林出版社，張舜徽《愛晚廬隨筆》，頁200，〈清初學者之堅苦卓絕、講求實用〉條，湖南教育出版社，1991年2月版。

〔註8〕 見齊思和〈魏源與晚清學風〉——《中國史探研》，北京中華書局，1981年4月版。

〔註9〕 見梁啓超《清代學術概論》，《中國近三百年學術史》引自《梁啓超論清學史

祖武、張豈之、步近智說〔註11〕）

第二節　陳確論當世學風的流弊

明末清初學風種種的流弊，陳確指出下述四端：

（1）高談性命、不求知人

宋儒理學高談身心性命，學者求知天而不求知人，義理虛玄、與素位、切實、爲己的儒家古訓相違背。陳確說：「而俗儒罔識，舍日用而空談性命，故終其身不知道。」（《叢桂堂家約》雜約）由此，他與同志發明素位之學，提出在日常生活中，像冠、婚、嫁、喪、葬、祭、讌集等禮儀上，恢復古禮的面貌。

宋代儒生空談天道、性命，陳確指出有宋以來學者的大蔽就是：不求知人，即知天而不知人，易言之，只重天道、疏忽人倫日用。故此，陳確提倡素位言誠、主切實工夫，要人看輕本體。

陳確說：「學者求知天而不求知人，求爲聖人而不求爲賢人，此又宋以來學者之大蔽也，或問天，曰：未知人，焉知天，又問聖，曰：未能爲庸，焉能爲聖，學者高談性命，吾只與同志言素位之學，則無論所遭之幸與不幸，皆自有切實工夫，此學者實受用處。苟吾素位之學盡，而吾性亦無不盡矣。」（《近言集》）乾初學主切實，反對虛空之學、關心人心、世道，其思想可謂遙契孔子、返本探源。

（2）揣摩格致，尚口黜躬

陳確指出宋代以來的學者，終日揣摩朱子格致學說，空談而乏力行，只重「知」而輕「行」，做成浮文失實的風氣。陳確說：「蓋〈大學〉言知不言

二種》，朱維錚校注，復旦大學出版社，1985 年 9 月版。
〔註10〕柳詒徵《中國文化史》下冊，第三編第七章，中國大百科全書出版社，1988年 6 月版。
〔註11〕見
1. 陳祖武〈從清初的反理學思潮看乾嘉學派的形成〉──《清史論叢》第六輯，北京中華書局，1985 年版。
2. 張豈之《中國儒學思想史》，頁 437，陝西人民出版社，1990 年 4 月版。
3. 步近智《明清實學思潮史》中卷引論──陳鼓應、辛冠潔、葛榮晉主編，齊魯書社，1989 年 7 月版。

行，必爲禪學無疑。」（〈大學辨〉一）

四書之中的〈大學〉，自從朱子撰〈大學章句〉，提出「致知在格物者，言欲致吾之知，在即物，而窮其理也」後，知行遂分，學者便相與揣摩格致之說。乾初云：「至於有宋，學者庶幾近古。而程、朱又立爲〈大學〉之教，一旦出〈戴記〉而尊之《論》《孟》之上，於是知行遂分。而五百年來，學士大夫相與揣摩格致之說，終日捕風捉影，尚口黜躬，浮文失實，是何異敝晉之清言，癡禪之空悟乎？」（《揣摩說》）

程朱表彰《大學》，在《四書章句集注》一書，〈大學章句〉居首、次爲〈中庸章句〉、再次爲〈論語集注〉和〈孟子集注〉，陳確指出〈大學〉給後人過奉，驅天下後世而之於禪。乾初云：「〈大學〉字字鋪張，語語分裂，學者驚於其大，豔于其博，而過奉之，亦是悲矣。」（《揣摩說》）總的來說，陳確主張「學者用功，知行並進」並且要身體力行，切忌尚口黜躬，以致浮文失實。

（3）恪守程朱，學失教衰

陳確認爲自朱子以後，〈大學〉一篇居四書之首，爲學失教衰之關鍵。陳確說：「〈大學〉首章支離虛誕，眞是誣聖之學；一經程朱表章，使衆奉爲程式，使千古聖學之不明，必由於此。」（《再與來成夫書》甲午）程朱有何過錯？陳確云：「夫不宗《論》《孟》，而宗《學》《庸》，直以〈大學〉爲四書之首，眞是喜新立異，此程朱學問大謬誤處。」（《答張考夫書》）

程朱學說對宋、明、清三代學人有何影響，陳確知之甚悉，說：「惟是世儒習氣，敢於誣孔孟，必不敢倍程、朱，時爲之痛心。」（〈與黃太冲書〉）又說：「今學者守一程朱而廢千古，誠非弟之愚所可解。」（〈與吳裒仲書〉戊戌）又云：「道之難明，非獨今也……學者讀得程朱語錄數十條，僉謂道已在是，一切都不須理會。」（〈與張考夫書〉）

陳確對於學者只讀程朱語錄，誣棄孔、孟，以致道術分崩、聖教衰息，大爲慨嘆。陳確說：「自〈大學〉之教行，而學者皆舍坐下工夫，爭言格致，其卑者流爲訓詁支離之習、高者竄於佛老虛玄之學，道術分崩，聖教衰息，五百餘年於此矣。」（〈答沈朗思書〉）又說：「學失教衰，無人不昧其本心，無事不喪其本心，而猶覆之以義理之言，玄之以性命之旨，若可跨孔、孟而上之，言以近佛者爲精，書以非聖者爲經，晦蒙蔽塞，積五、六百年，人安得不禽、而中國安得不夷狄乎！」（〈輯祝子遺書序〉）

（4）行失忠實，悉染習氣

陳確目睹明清學者德行鮮孝弟忠信之實，再加上染有時士習氣、遊戲人間，故有「嗟乎！五六百年來，大道陸沉，言學之家，分崩離析、孰執其咎乎！」（〈答查石丈書〉）的感慨。明清學人的言行，陳確一眼看出其大弊，說：「今之學者，考其行則鮮孝弟忠信之實，聽其言，則多義理精微之旨，此宋以來學者通弊。」（〈答張考夫書〉）明清學人的習氣，陳確則說：「彼俗士營營苟苟，名雖爲儒，實畔儒教，固宜爲兄所厭棄，獨不有真儒自得之學在乎？弟觀今之善知識，悉染時士習氣，題箋寫扇，狼藉人間，高座伎倆，不過如此，弟深鄙之賤之。至於貪嗔穢鄙，更甚俗輩者，往往而有，又不足言矣。」（〈與老友董東隱書〉）

明末清初學風有此四弊，人心世道便愈來愈壞，陳確提倡切實、素位之學，企圖力挽狂瀾，匡時濟世，且欲矯正理學家空談義理心性的通病。當時的人心，正如乾初所謂：「世日下衰，人心日壞、如魑魅、魍魎之不可致詰。」（〈壽高聲野七十序〉）總的來說，陳確教人認識〈大學〉的真面目，要人不作程朱的罪人，而要作程朱的功臣。陳確關注人心風俗，事事求實理實益，學風的歸趨可說是返虛入實，以實救虛，且和明末清初諸儒相一致。

第三節　陳確的思想淵源

（1）乾初與孔、孟

陳確的人性論，歸宗孔子、孟子，而又有所發明。陳確說：「孔子言『性相近』，善之意已見；至孟子始和盤託出，既經孔、孟指點，學者可不復言性，只凜凜慎習，孳孳爲善而已。孳孳爲善，雖不言性，而性在其中矣，此孔、孟之意也。」（《知性》）《性解》上亦云：「孔子曰『性相近』，孟子又道性善，論自此大定，學者可不復語性矣。荀、韓之說，未盡鐲告子之惑。至於諸儒，惝恍彌甚。故某嘗云：孔子之旨，得孟子而益明，孔孟之心，迄諸儒而轉晦，皆由未解孟子性善之說，與〈易〉『繼善成性』之說故也。」陳確的性論主張：「蓋人性無不善，于擴充盡才後見之也。」（〈性解〉上）

陳確認爲人們「性近如一家，習遠如萬里。」（〈性習圖詠〉）孔、孟以後，學者以習爲性，但陳確闡發孔子性近、習遠之旨頗詳，他說：「聖人辨性習之殊，所以扶性也。蓋相近者性也，相遠者習也。……故習不可不慎也。習相

遠矣，雖然，猶可移也。……上智習於善必不移於不善；下愚習于不善，必不移於善。蓋移之，則智者亦愚，愚者亦智；不移，則智者益智，愚者益愚。唯其習善而不移，故上智稱焉；唯其習不善而不移，故下愚歸焉。習之相遠，又有若斯之甚者。故習不可不慎也，而性則未有不相近者也。夫子之言性如此。抑孟子道性善，實本孔子。」（《子曰性相近也二章》）

陳確發揮孟子盡心知性之旨，乃連繫孔子之言性善說。陳確說：「孔子恆易言之，曰：『我欲仁，斯仁至矣。』曰：『有能一日用其力於仁矣乎？我未見力不足者。』此無異故，由人性無不仁焉故也。知仁之性，則可以知禮義智之性矣。故人但知孟子之言性善，而不知孔子之言性善更有直捷痛快於孟子者，人第不察耳，雖然，性善矣，尤不可以不勉也。故孟子諄諄教人擴充、教人動、忍、存、養，教人強恕、強為善。如此類，不一言而足。猶之五穀，雖云美種，然不耕植，不耘耨，亦無以見其美。此孟子盡心知性之旨也。」（《原教》）

陳確《學譜》首列孔子、子夏、孟子三人學旨，可證乾初歸宗孔、孟的心志。

（2）乾初與陽明

陳確的心性論，淵源自王陽明「知行合一」說。故陳確說：「言性善，則天下將無棄人」言知行合一，則天下始有實學。」（《聖學》）又說：「孟子道性善，惟欲人為善，為善，則知性善矣；若不為善，雖知性善，何益？故陽明子欲合知行，以為知而不行，只是未知，此言正為道性善下鞭策也。若見善不遷，知過不改，雖悟知行合一，何益？陽明固云：『會得此旨，即說知行是兩個不妨，亦只是一個。若不會此旨，即說是一個，濟得甚事，只是閑話。』陽明之言，極為痛切。」（〈侮聖言〉）

陳確《學譜》引王陽明說：「學莫先於立志」又曰：「學只是致良知」可見乾初首肯陽明學說之處。無怪乎後世的學人，都同意乾初學宗陽明的說法。他們包括下述四家：

1. 陳元龍說：「（陳乾初）早年論學，於諸儒中最喜姚江『知行合一』之說，謂可與孟子道性善同功。」〔註12〕

2. 陳翼說：「於諸儒中，獨喜陽明『知行合一』之說，謂可與孟子道性善

〔註12〕見陳元龍《陳氏理學乾初先生傳》——《陳確集》，頁10。

同功。」（〈乾初府君行略〉）〔註13〕

3. 陳敬璋說：「公本為山陰劉蕺山先生高弟，而學宗陽明，是以有〈大學辨〉之作，固自成一家之言。」（〈編次遺書例言〉）〔註14〕

4. 吳騫說：「蕺山先生嘗著〈大學古文參疑〉及〈古記〉、〈雜言〉諸書，其意頗尊信豐氏〈石經古文〉，吾鄉前輩陳乾初先生，山陰高弟也……大抵二公皆參用姚江之學。」（《拜經樓詩話》卷一）〔註15〕

（3）乾初與蕺山

陳確學宗劉蕺山，徐世昌〈清儒學案〉、鄧之誠〈清詩紀事初編〉、阮元〈兩浙輶軒錄〉、吳振棫〈國朝杭郡詩鈔〉、吳騫〈陳乾初先生遺集序〉、許三禮〈海寧縣志〉、黃宗羲〈陳乾初先生墓誌銘〉初稿等，均無異議。

陳確師承蕺山，他和蕺山學說異同分合何在？試從下列三方面析述之：

1. 劉蕺山說：「要而論之，氣質之性，即義理之性，義理之性即天命之性，善則俱善。」（《明儒學案》卷六十二蕺山學案）陳確則認為人性源於氣質，他說：「性之善不可見，分見于氣、情、才。情、才與氣，皆性之良能也。天命有善而無惡，故人性亦有善而無惡；人性有善而無惡，故氣、情、才亦有善而無惡。」（〈氣情才辨〉）

2. 劉蕺山云：「盈天地皆氣也」、「盈天地皆道也」、「盈天地皆性也」、「性即理也。」（〈明儒學案〉卷六十二）陳確則說：「確嘗謂人心本無天理，天理正從人欲中見，人欲恰好處，即天理也。向無人欲，則亦並无天理之可言矣。」（〈無欲作聖辨〉）此即蕺山「就氣中參出理來」之意，而言之益激。〔註16〕

3. 蕺山學說宗旨為慎獨，乾初卻主於擴充盡才後見性善，已非蕺山慎獨宗旨。《陳乾初先生墓誌銘》重撰本：「蓋人性無不善，於擴充盡才後見之也、如五穀之性，不藝植、不耘籽，何以知其種種美邪。……又曰資始流行，天之生物也，各正性命，天之成物也，物成然後性正，人成然後性全，物之成以氣、人之成以學，人物之性，豈可同哉。」改本又云：「是故薅衰勤而後嘉穀之性全，怠勤異獲，而曰麰麥之性有美惡，必不然矣，涵養熟而後君子之性

〔註13〕《陳確集》，頁13。
〔註14〕《陳確集》，頁5。
〔註15〕見《清詩話》下冊，頁721，王夫之等撰，上海古籍，1978年10月版。
〔註16〕見錢穆《國學概論》，頁63，台・商務，人人文庫版。

全。敬肆殊功，而曰生民之性有善惡，必不然矣。」陳確認爲情才氣之性雖善，但只是潛在的可能性，要眞正成爲善，則靠後天的經驗積累即所謂學，這正是人與萬物所以不同之所在。〔註17〕

後人評論劉戢山學說，分見於黃梨洲（1610～1695）《子劉子行狀》卷下〔註18〕、邵廷采（1648～1711）《明儒劉子戢山先生傳》〔註19〕、及全祖望（1705～1755）《甬上證人書院記》〔註20〕歸納而言，劉戢山主理氣合一，重本體和重氣，陳確論理氣，重工夫而輕氣。陳確說：「蓋孟子言性必言工夫，而宋儒必欲先求本體，不知非工夫則本體何由見？」（〈原教〉）劉戢山主心體無善無惡、渾然至善；陳確卻不同意宋儒性本體說，而以情、才爲性，否定有所謂性本體。劉戢山學主誠意、愼獨，陳確則作下述之補充：「獨者對衆之稱、非離衆之稱。試思格致、誠正、修齊、治平，何處無獨？何時非愼獨？故凡云誠者，皆兼內外言；凡云愼獨者，皆兼動靜言。」（《與張考夫書》）

（4）乾初與程朱

1654 年（清順治十一年），陳確時年五十一，撰〈大學辨〉，企圖推倒程朱理學立論的根據地——〈大學〉的地位。陳確的同門好友，如張考夫、查石丈、吳仲木、沈朗思、吳裒仲、劉伯繩、惲仲升、陸麗京、來成夫等，紛紛移書和他辯論。由此而做成一個錯覺，以爲乾初攻擊程朱，是一個反程朱理學思想家，這個看法，筆者不敢苟同。試列舉乾初首肯程朱的言論：「開美自言吾學本象山、陽明，而謂程朱之說非是，確時不甚爲然。」（〈輯祝子遺書序〉）；「今學者守一程朱而廢千古，誠非弟之愚所可解。」（〈與吳裒仲書〉戊戌）；「程朱之說非，則陸王亦非矣。」（〈答張考夫書〉）；「知程朱之失，亦未始不知程朱之得也。」（同上）；「程朱人品，自卓然千古，大學之誤，曾何足爲累，辭而闢之，上之爲程朱祛一蔽，下之以解千百年無窮之惑，固宜爲程朱之所快甚于地下者；區區之心，實欲忠於洛閩，而諸兄必欲弟三緘其口，恐亦非程朱當日所以與千秋萬世公是非之意也。」（〈答張考夫書〉）

其實，陳確不但沒有攻擊程朱，對程朱且多譽美之詞：「蓋程朱之心，聖

〔註17〕見蒙培元《中國心性論》，頁448，台·學生，1990 年 4 月版。
〔註18〕見《黃宗羲全集》第一卷，頁250，浙江古籍出版社，1985 年 11 月版。
〔註19〕見邵念魯《思復堂文集》，頁36、37，浙江古籍，1987 年 11 月版。
〔註20〕見全謝山《鮚埼亭文集選注》，頁 347，黃雲眉選注，齊魯書社，1982 年 12月版。

賢之心也……程朱偶爲〈大學〉所誤，因自誤誤人……吾願諸子爲程朱之功臣，毋爲程朱之罪人。」（〈翠薄山房帖〉）；「夫以程朱之賢……而轉爲程朱痛者也。」（〈答沈朗思書〉）；「程朱陸王皆卓然爲兩代大儒，至其言學，皆不能無偏……程朱何嘗不教人存心，王、陸何嘗不教人窮理……於程朱惟表章〈大學〉爲聖經，竊以爲不然，而其他言學切實處，亦多有先得我心者……弟惟以程朱之讀書窮理之有未至，故誤以〈大學〉爲聖經；而弟今日以〈大學辨〉求正諸兄者，而讀書窮理之事也。」（〈與吳裒仲書〉）總之，陳確之辨〈大學〉，其立言命意，不但不是非議程朱，而是「琢磨程朱、光復孔孟」。（《書大學辨後》）

總的來說，陳確的思想和程朱淵源有自，茲舉資料兩條以作旁證：

（1）徐鼒《小腆紀傳》卷五十八

〈逸民傳〉記云：「陳確，字乾初，海寧人，好洛、閩之學，師事劉宗周」此其一。

（2）張履祥《與陳乾初書》

「仁兄於洛閩之書，豈云不讀，只是以先入者爲主，而操我見以權衡之，未嘗遜心抑氣而奉之以爲規矩準繩，如弟子之於先師也，子弟之於父兄也，故多見其可議耳。」〔註21〕此其二。

（5）乾初與夏峯

孫夏峯（1584～1675）爲清初大儒，張其淦《明代千遺民詩詠》二編卷六列陳乾初、孫韻雅（夏峯少子）和錢西齋（師夏峯）三人，由此可見陳確和孫夏峯之淵源。又據《清史稿》卷四八〇謂：「奇逢之學」原本象山、陽明，以愼獨爲宗，以體認天理爲要，以日用倫常爲實際。似乎看不出夏峯和程朱的淵源，然而，從《夏峯學案》中，我們便會發現夏峯之學，實爲程、朱、陸、王四家之調和論者，且和乾初相類。

《清儒學案》，《夏峯集》卷七〈寄張蓬軒〉：「某幼而讀書，謹守程朱之訓，然於陸、王亦甚喜之。」陳確則說：「程朱陸王皆卓然爲兩代大儒」（〈與吳裒仲書〉）

孫夏峯《四書近指》卷一〈大學之道章〉云：「吾心原有此物，起一念事親，親即是物；起一念事君，君即是物」，此句即言「外物不外於吾心」而陳

〔註21〕《陳確集》，頁604。

乾初說：「總反覆言之，以見所謂天、命、性皆不越吾身，吾心之外；學者毋徒馳騖于荒忽不可知之域，以自誤誤人耳。而又何嘗有知行先後之分也？」（〈與張考夫書〉）二人說法何其相若。乾初又云：「心爲一身之主，雖格物致知，皆以心格之，以心致之。心正則格致皆正，心偏則格致皆偏。」（〈答張考夫書〉）此說即與象山、陽明、夏峯之學相類。

關於工夫與本體，乾初和夏峯看法頗爲一致。夏峯《四書近指》卷二〈天命謂性章〉云：「即工夫即本體」，乾初〈與劉伯繩書〉則言：「蓋工夫即本體也，無工夫亦無本體矣。」

孫夏峯重行，《夏峯集》卷七〈答魏石生〉：「蓋行是以兼知，未有能行而不知者，知不足以兼行。」陳乾初亦主知行相須，云：「道雖一貫，而理有萬殊，教學相長，未有窮盡。學者用功，知行竝進。故知無窮、行亦無窮；行無窮、知愈無窮。先後之間，如環無端，故足貴也。」（〈答格致誠正問〉）

孫奇逢、陳乾初同主調和程朱與陸、王，思想上他們是共通的。

陳確的思想淵源自陽明、蕺山，他亦有詩坦言道出。《癸卯正月三日設陽明山陰兩先生像拜之呈性解二篇感賦一首》：「竊見兩先生、好辨亦不置，開懷與諸儒，牴牾豈有意！千聖同一心，遐哉俟冥契。」陳確歸宗孔、孟，琢磨程朱，與夏峯同主調庭程朱陸王之異。陳確的思想和他的同門好友黃梨洲、張楊園、祝開美三人相互影響、亦有闡發。

陳確的《葬書》，思想淵源自漢代王充、唐代呂才、宋代司馬光、明代王廷相等、其葬論、風水論、詳見下文。

第三章 《葬書》背景

第一節 中國喪葬禮俗的源流

　　要探究中國喪葬禮俗的源流，必先要弄清楚喪葬的本義。何謂喪？《白虎通義・崩薨》云：「喪者，亡也，人死謂之喪。何言其喪？亡不可復得見也。不直言死，稱喪者何？為孝子之心不忍言也。」何謂葬？《禮記・檀弓上》云：「葬也者，藏也，藏也者，欲人之弗得見也。」從喪葬的本義引申為：「喪，指哀悼死者的禮儀，『葬』指處置死者遺體的方式。」〔註1〕由此而知，人死，因孝子不忍言『死』而謂之『喪』，繼而掩埋死者屍體，即將死人用柴草掩藏住，不讓人看見。此為古代墓葬以前處理死者屍體的做法。〔註2〕

　　根據現存的古代文獻資料，《周禮》、《儀禮》、《禮記》三書，對喪葬禮俗的源流、性質、和儀節，已經有了很詳細的記載。例如：

　　　　《周禮・春官・宗伯》記：「大宗伯之職，以凶禮哀邦國之憂，以喪
　　　　禮哀死亡。」《禮記・昏義》云：「夫禮，始於冠，本於昏，重於喪
　　　　祭，尊於朝聘、和於射鄉，此禮之大體也。」

　　　　《儀禮》十七篇中，記喪葬禮俗者有〈喪服篇〉、〈士喪禮篇〉和〈既
　　　　夕禮〉三篇。禮之大體有「重於喪祭」的說法，可見對喪葬禮俗的
　　　　重視，由來有自。

〔註1〕 見陰法魯、許樹安主編，《中國古代文化史》2，第十三章，中國古代喪葬制
　　　　度的發展，北京大學出版社，1991年5月版。
〔註2〕 參考許嘉璐主編，《中國古代禮俗辭典》，頁311，中國友誼出版公司，1991
　　　　年6月版。

稍爲檢索一下文獻，我們便會發覺：中國喪葬禮俗的源流，實在是根源於人子對父母的哀悼、思念與孝親之心，即由儒家對喪葬禮俗的觀念，開展出後世喪葬禮俗的傳統，下列各條資料，便足以說明這一點：

《禮記‧檀弓下》：「喪禮，哀戚之至也。節哀，順變也。」

《禮記‧雜記下》：「子貢問喪，子曰：敬爲上、哀次之，瘠爲下；顏色稱其情、戚容稱其服。」

《論語‧學而》：「曾子曰：愼終追遠，民德歸厚矣。」

《論語‧爲政》：「孟懿子問孝，子曰：『無違』樊遲御，子告之曰：『孟孫問孝於我』，我對曰：『無違』，樊遲曰：『何謂也？』子曰：『生，事之以禮；死，葬之以禮，祭之以禮。』」

《論語‧陽貨》：「子曰：予之不仁也！子生三年，然後免於父母之懷，夫三年之喪，天下之通喪也。予也有三年之愛於其父母乎？」

《荀子‧禮論篇》：「禮者，謹於治生死者也。生，人之始也；死，人之終也；終始俱善，人道畢矣，……喪禮者，以生者飾死者也，大象其生，以送其死也。故，如死如生，如亡如存，終始一也。……故，喪禮者，無它焉，明死生之義，送以哀敬，而終周藏也。」

《漢書‧禮樂志》云：「人性有哀死思遠之情，爲制喪祭之禮。」

愼終追遠的意義，宋代大儒朱熹在《四書章句集注》釋說：「愼終者，喪盡其禮；追遠者，祭盡其誠。」孝思不匱的傳統在春秋時代已開始了。

喪葬之禮貴乎敬。何謂敬？明末大儒王船山在《禮記章句》說：「喪，父母之喪也，敬，愼也，所謂愼終也。……喪以哀爲主，而有眞哀者必有眞愼，若乘一往以自致，則但發氣爲哀，氣衰而哀竭矣，故孝莫大於愼終。」

《禮記》有〈問喪篇〉，王船山以爲：「問者，設爲問答以發明喪禮之意」凡八章，末句云：「此孝子之志也，人情之實也，禮義之經也，非從天降也，非從地出也，人情而已矣。」（王船山《禮記章句》）可見哀死、愼終乃人情之常，亦是孝子之志和人情之實。

從春秋戰國下迄宋、元、明、清，喪葬禮俗根源於人子孝親之心的說法。仍然得到歷代儒生的首肯：

宋‧司馬光《葬論》云：「葬者，藏也。孝子不忍其親之暴露，故斂而藏之。」

清‧張履祥《喪葬維錄小引》云：「人無貴賤貧富，皆爲父母之所生，

昊天罔極之思，一而已矣。」（《楊園先生全集》卷五十一）

清・朱彝尊《讀禮通考》原序云：「鳴呼！慎終追遠之義輟而不講，斯民德之日歸於薄矣。」

清・徐乾學《葬考》云：「葬者，藏也，孝子不忍其親之體魄暴露於地上而坎土以藏之，勿使人見也。孟子云：「上世嘗有不葬其親者，不忍見狐狸蠅蚋之患，遂歸反虆梩而掩之，葬埋之法蓋權輿於此矣。」（《讀禮通考》卷八十二）

喪葬禮俗再結合了封建社會的宗法制度，一套繁瑣而又嚴謹的禮儀，便慢慢發展出來，又為歷代所沿用。

第二節　中國歷代的喪葬禮俗

　　吉、凶、軍、賓、嘉五禮的名目，最早見於《周禮・春官・宗伯》。清・秦蕙田《五禮通考》凡例：「五禮之名、肇自虞書，五禮之目，著于周官大宗伯，曰吉、凶、軍、賓、嘉。」大宗伯有什麼職能、工作的性質又若何呢？據《周禮・春官宗伯》：「大宗伯之職，掌建邦之天神人鬼地示之禮，以佐王建保邦國」五禮又有何用？《周禮・春官宗伯》云：「以吉禮事邦國之鬼神⋯⋯以凶禮哀邦國之憂⋯⋯以軍禮同邦國⋯⋯以賓禮親邦國⋯⋯以嘉禮親萬民。」

　　《五禮通考》凡例又云：「大宗伯以凶禮哀邦國之憂，其禮之別有五。」凶禮再細分為那五種？《周禮・春官宗伯》云：「以喪禮哀死亡：以荒禮哀凶札，以弔禮哀禍裁：以襘禮哀圍敗，以恤禮哀寇亂。」由此可見，凶乃喪葬之禮的總名，喪禮為其細目之一，用以哀悼死亡。

　　中國歷代喪葬禮俗的主流，一言以蔽之，曰：「厚葬之俗」。從春秋戰國時代開始，歷經魏晉南北朝、隋唐，下迄宋明兩朝，厚葬之俗愈來愈甚，至明代且演變至「葬埋皆奢」〔註3〕厚葬之俗的程度源起。和當時社會的風俗有何種的關係，種種問題，清人徐乾學撰《讀禮通考》一百二十卷，裏面有至為詳實的記載。《讀禮通考》卷八十四厚葬條徐乾學案云：「古之厚葬者，不可悉數，厚葬而遭發掘，亦不可悉數。」茲列舉數條文獻資料，以見厚葬之俗的起源：

　　1.《左傳》成公二年八月，宋文公卒，始厚葬、用蜃炭、益車馬、始用殉，

〔註3〕詳見張亮采《中國風俗史》，上海文藝出版社，1988年12月版。

重器備，椁有四，阿棺有翰檜。

2.《左傳》定公五年六月，季平子行東野，還未至，丙申卒，子房陽、虎將以璠璵斂。

3.《孔子家語》，季平子卒，將以君之璠璵斂。

4.《論語》顏淵死，門人欲厚葬之，子曰不可。

5.《舊唐書》李光進葬母於京城之南原，將相致祭者凡四十四幄，窮極奢靡，城內士庶，觀者如堵。

葬何以稱爲厚？標準在哪裏？《元典章》其中一段文字，可爲我們提供答案，《元典章》云：「竊見江南流俗，以侈靡爲孝，凡有喪葬，大其棺椁，厚其衣衾，廣其宅兆，備存珍寶、偶人馬車之器物，亦有將寶鈔藉尸斂葬，習以成風，非惟甚失古制，於法似有未應，每見厚葬之家，不發掘於不肖之子孫，則開鑿於強盜竊賊，令死者暴骸露尸，良可痛哉！」（《讀禮通考》卷八十四）

儘管歷代厚葬相沿成風，自佛教傳入中土，世俗更有焚紙錢、七七齋、誦經作醮、作佛事等、喪葬禮俗奢靡的風氣，可謂已深入民心，不過，反厚葬、主薄葬的主張和言論，從諸子時代始，以至明清，一直和主厚葬者相抗。茲列舉薄葬論者如下：

《論語‧八佾》：「林放問禮之本，子曰：大哉問！禮，與其奢也，寧儉，喪，與其易也，寧戚。」

《墨子‧節葬下》：「子墨子制爲葬埋之法曰：棺三寸，是以朽骨；衣三領，足以朽肉；掘地之深，下無菹漏。氣無發洩於上，壟足以期其所，則止矣。哭往哭來，反從事乎衣食之財，俾乎祭祀，以致孝於親。故曰子墨子之法，不失死生之利者，此也。……故當若節喪之爲政，而不可不察此者也。」

《老子》六十七章：「我有三寶，持而保之，一曰慈，二曰儉，三曰不敢爲天下先。」

《莊子‧列禦寇》：「莊子將死，弟子欲厚葬之。莊子曰：吾以天地爲棺槨，以日月爲連璧，星辰爲珠璣，萬物爲齎送。吾葬具豈不備邪？何以加此！」

《列子‧楊朱篇》：楊朱曰：古語有之：「生相憐，死相捐」此語至矣。……相捐之道，非不相哀也；不含珠玉，不服文錦，不陳犧牲，

不設明器也。……管夷吾曰：「吾既告子養生矣，送死奈何？」晏平
仲曰：「送死略矣，將何以告焉？」管夷吾曰：「吾固欲聞之。」平
仲曰：「既死，豈在我哉？焚之亦可，沈之亦可，瘞之亦可。露之亦
可，衣薪而棄諸溝壑亦可，袞衣繡裳而納諸石槨亦可，唯所遇焉。」
《呂氏春秋‧節喪》：「世俗之行喪，載之以大輴，羽旄旌旗，如云
僂翣以督之珠玉以佩之，黼黻文章以飭之、引紼者左右萬人以行之，
以軍制立之然後可，以此觀世，則美矣、侈矣；以此爲死，則不可
也。苟便於死，則雖貧國勞民，若慈親孝子者之所不辭爲也。」《呂
氏春秋‧安死》：「故先王之葬，必儉，必合，必同，何謂合？何謂
同？葬于山林則合乎山林，葬于阪隰則同乎阪隰。」

《論衡‧薄葬篇》：「聖賢之業，皆以薄葬省用爲務。」

秦漢時期主薄葬論者，還有鄭玄、馬融、盧植、張奐、孔僖等人，至魏晉南
北朝，更是中國封建社會中喪事最爲儉薄的時代。〔註4〕下逮宋、元、明、清
四朝，宋祁、謝應芳、黃宗羲、陳確等人，都是薄葬論者的代表。

古今喪禮具體的情況，清人徐乾學歸納爲八個大綱，分別爲：喪期、喪
服、喪儀節、葬考、喪具、變禮、喪制、和廟制。（《讀禮通考》凡例）易言
之，當我們談到喪禮時，必然包括三項內涵：一、對死者遺體的處理（葬法）；
二、送喪的儀式（喪儀）；三、對「死後世界」的思想或信仰。〔註5〕

再從風俗史的角度來考察中國歷代的喪葬禮俗，下列說明，可見一斑：

東漢喪禮：王莽倡三年喪制。

魏晉喪禮：天子三年之喪，魏從省減，晉頗重之，晉代仍沿用漢代之輓
歌。漢代明器，魏均從省。

南北朝喪禮：七七百日之說的禮儀，始見於此。

隋唐喪禮：民俗有七七齋、紙錢。

五代喪俗、風俗：寒食、焚紙錢。

北宋汴京喪俗：喪家命僧道誦經、設齋、作醮、作佛事。

明代喪禮：喪家用孝帛。〔註6〕

〔註4〕 參考徐吉軍、賀云翱著，《中國喪葬禮俗》，頁62、63，浙江人民出版社，1991
年10月版。

〔註5〕 見王明珂，〈慎終追遠——歷代的喪禮〉，《中國文化新論‧宗教禮俗篇——敬
天與親人》，台‧聯經，1983年4月版。

〔註6〕 參考鄧子琴《中國風俗史》，巴蜀書社，1988年3月版。

而自隋唐以來，《開元禮》、《政和禮》、《書儀》、《家禮》、《大明會典》、《大清會典》、《清稗類鈔》等典籍，均可作為研究中國喪俗、葬俗的根據。

第三節　從宋代至清代有關喪葬禮俗的著述

從宋至清，我國出現了不少有關喪葬禮俗的著述。尤其是在明末清初期間，風俗問題不約而同成為思想家談論的焦點。下文先排列論喪葬的思想家及其代表著述：

時代	思想家	喪葬著述	文獻出處
宋	司馬光（1019～1086）	《葬論》《書儀》十卷	《楊園先生全集》卷五十一《四庫全書》經部四
	程頤（1033～1107）	〈葬說〉並圖〈葬法決疑〉	《二程集》卷十
	朱熹（1130～1201）	《家禮》五卷	《四庫全書》（一三六）經部四
明	王廷相（1474～1544）	〈喪禮論〉十七首〈喪禮備纂〉	《王廷相集》《王廷相集》
	張居正（1525～1582）	〈葬地論〉	《張太岳集》
	陳確（1604～1677）	《葬書》上下〈喪實議〉〈家約〉	《陳確集》《陳確集》
	黃宗羲（1610～1695）	〈讀葬書問對〉〈葬制或問〉	《黃梨洲文集》《黃梨洲文集》
	張履祥（1611～1674）	〈喪葬雜錄〉〈喪葬雜說〉	《楊園先生全集》卷五十一〈喪葬雜錄小引〉
	張爾岐（1612～1678）	〈後篤終論〉上〈後篤終論〉下	《蒿菴集》卷一
	劉伯繩（1612～1664）	〈禮經考次〉	朱維錚校注《梁啟超論清學史二種》
	顧炎武（1613～1682）	厚葬、停喪、火葬條	《日知錄》卷十五
	沈朗思（1618～1680）	〈士喪禮說薈〉	朱維錚校注《梁啟超論清學史二種》
	徐乾學（1631～1694）	《讀禮通考》120卷	《四庫全書》經部一〇六～一〇八
	顏元（1635～1704）	〈禮文手鈔〉卷四喪禮	《顏元集》
	萬斯同（1638～1702）	〈喪禮辨疑〉四卷（此書未見）	陳訓慈、方祖獻《萬斯同年譜》

清	秦蕙田（1702〜1764）	凶禮、喪禮	《五禮通考》卷二四六至二六二
	全祖望（1705〜1755）	〈宅經葬經先後論〉 〈奉望谿先生論喪禮或問箚子〉	《鮚埼亭集》外編卷三十八 外編卷四十一
	趙翼（1727〜1844）	合葬、改葬、久而不葬條	《陔餘叢考》卷三十二

　　此外，陳夢雷（1651〜1670）編《古今圖書集成》禮儀典有喪葬部雜錄；《四庫全書》中，有《欽定大清會典》記喪禮的部分；朱彝尊（1629〜1709）《曝書亭集》有〈讀禮通考序〉和〈葬經廣義序〉兩文；熊伯龍、吳敬梓、袁枚、洪亮吉等人有論風水之作；以上所述，具見明清時期喪葬著述的繁富。

　　上列有關喪葬禮俗的著述，依其性質的不同，可劃分為四類：

（1）談喪葬禮儀者

　　司馬光《書儀》卷五至十、朱子《家禮》卷四、王廷相《喪禮備纂》、陳確《俗誤辨》喪葬第二、《叢桂堂家約》喪、葬、徐乾學《讀禮通考》卷三十八至八十一喪儀節　顏元《禮文手鈔》卷四、秦蕙田《五禮通考》卷二四六至二六二屬之。

（2）論葬地風水者

　　有關之文獻包括：司馬光《葬論》、程頤《葬法決疑》、王廷相〈風水〉、〈葬次〉、張居正〈葬地論〉、陳確《葬書》、《與張元岵前輩書》、《黃宗羲〈讀葬書問對〉、〈葬制或問〉、全祖望〈宅經葬經先後論〉、朱彝尊〈葬經廣義序〉、〈地理徑序〉、陳夢雷《古今圖書集成》卷一〇三喪葬部雜錄、卷六八〇堪輿部藝文。

（3）主厚葬之害者

　　張爾岐《後篤終論》、陳確《儉葬說》二人屬之。

（4）綜論喪葬筆記

　　顧炎武《日知錄》卷十五、趙翼《陔餘叢考》卷三十二屬之。

　　從宋代至清代，中國民間喪葬禮俗出現了焚屍、停棺不葬、奢靡、惑於風水、葬師各種的流弊。一些儒生，便相繼著書立說，試圖整頓風俗、挽救人心。朱子以為「禮」可「紀綱人道之終始」他修《家禮》，其目的是：「庶

幾古人所以修身齊家之道，謹終追遠之心，猶可以復見於國家，所以敦化導民之意，亦或有小補云。」〔註7〕張鹵《喪禮備纂》序認為：「但〈三禮〉既非人人所可易讀，漢唐而下禮家之書又不能盡讀，故四禮失而喪禮為甚。」「重以浮屠追薦，尚侈失資福滅罪之談，醵會聲樂，或見於辟踊哀號之際，積俗異教更以瀆經。」「先正浚川先生王公，本〈大明集禮〉，根極〈三禮〉，而是正夫諸家，雖未經脫稿，其門人敷陳其大略，得于親承者，鄉人久已崇用。」〔註8〕陳確則說：「非禮之禮，憒俗恬不知怪，而學古之君子所不敢出也。今略條其甚者著於篇，使學者知所戒焉。有未盡者，以類推之。若以禮，則自有先聖王之令典在，非確之愚所得自增損也。」〔註9〕

張亮采云：「風水之說，至宋始盛。而自宋以來，闢其謬者亦復不少。」〔註10〕駁斥風水之說，唐代呂才（600～665）撰《叙葬書》，已肇其端，斥陰陽家擇葬地，擇時日和後代子孫吉凶禍福相關之迷信。〔註11〕其後，闢風水之謬的論據亦不少。例如：

司馬光〈葬論〉：「人之貴賤貧富壽夭繫於天、賢愚繫於人，固無關預於葬。」

程頤〈葬法決疑〉：「《葬書》一術，至百二十家，為害之大，妄謬之甚，在分五姓。吉凶長短，果由於葬耶？而今之葬者，謂風水隨姓而異，此尤大害也，至於卜選時日，亦多乖謬。」

王廷相〈風水〉：「葬有風水之說，何如？」曰：「邪術惑世以愚民也，古之大儒已歷詆其謬矣。」

張居正〈葬地論〉：「世言葬地能作人禍福，謂葬地吉壤，家必興隆，得惡地，家必衰替，若影響桴鼓之符應者，悉妄也。」

陳確〈與同社書〉：「若乃家運之有興廢，謀為之有成敗，壽命之有短長、息胤之有繁耗，或由人事，或由天命，禍福之機，何可深論！必欲一一準之葬地，則愈惑矣！」

黃宗羲〈讀葬書問對〉：「葬師言天命可改，東山（趙汸）言人事難致，其害理同也。然則其故何也，曰鬼蔭之說惑之也。」

〔註7〕 見《晦菴先生文集》，台・大方書局，民國52年2月版，《家禮》序。
〔註8〕 見《王廷相集》四，頁1369，北京・中華書局，1989年9月版。
〔註9〕 《陳確集》，頁506，〈俗誤辨〉序。
〔註10〕 張亮采《中國風俗史》，頁111，上海文藝出版社，1988年12月版。
〔註11〕 分見《舊唐書》卷七十九、《新唐書》卷一〇七，呂才傳。

全祖望〈宅經葬經先後論〉：「彼葬師謂亦有生氣之可乘，眞無稽也。」

朱彝尊〈葬經廣義序〉：「堪輿風水之說，儒者多辨其非。」

宋明理學家不約而同攻擊風水，教人破除迷信，反對鬼蔭之說，可以說極符現代自然科學的精神，而反風水的傳統，亦漸漸建立了起來。關中大儒張載說：「葬法有風水山崗，此全無義理，不足取。」〔註12〕「不足取」三字，便一語道出風水未可足信了。

明清喪禮耗費奢靡，浙江歸安《嵇氏宗譜》記喪葬禮云：「近今世俗多有務爲美觀，越分競華而乖禮，咸非古人喪葬之道。」〔註13〕厚葬之俗明清較唐尤盛。遇有喪事，無不供佛飯僧。爲了挽習俗而救人心，我們可以聽到的，便是薄葬、儉葬的時代呼聲了：黃宗羲《梨洲末命》云：「凡世俗所行折齋，做七，一概掃除」；〔註14〕陳確云：「夫貧有貧之養，則貧亦有貧之葬，儉葬是也。夫儉非薄也，禮所不當爲，力所不能爲者，吾不強爲焉之謂儉也。……若夫重寶殉葬。盜賊生心，文石樹表，傾壓可畏，羅城周環，水之所淤，動費千金，虛文滋害，智者不爲也。」（〈儉葬說〉）張爾岐《後篤終論》上：「晉皇甫謐悼厚葬之害，著論爲葬送之制，名曰〈篤終〉。……富者破產而逐新，貧者舉息而蹶赴。一日之費，十年節約而不能償也。一家之喪，百家奔走而交相病也，高位縱任而不之禁，旁觀恬習而忘其非。人之欲葬其親者，恥其不備，忍於累年暴露而不恤焉，亦甚可傷也已！」〔註15〕

在明清儒生的心目中，「禮」即「理」也，孫夏峯讀四書至〈顏淵問仁章〉提出：「此章全重禮字，大中至正，萬物各得其理之謂」（《四書近指》晚年批定本），復「禮」即存「性」，宋人主張「存天理、去人欲」，重視喪葬之禮，無疑即是在日常生活中存「天理」表現形式之一，張楊園〈喪葬雜錄小引〉云：「予嘗思許淮陽先生之言曰：信天理那有地理，天理可憑者也，地理不可憑者也，舍其所可憑者，而從事於所不可憑者，惑之甚矣。且信天理，則以禮事其親，而親之體魄安矣，親之體魄既安，則子孫之昌盛可預卜矣。」此種觀念，導至儒生看重喪葬之禮，也就不足爲奇了。

〔註12〕見《張載集》，頁299，〈經學理窟〉、〈喪紀〉，北京・中華書局，1985年9月版。

〔註13〕見《中國思想寶庫》，頁943，中國思想寶庫編委會編，北京・中國廣播電視出版社，1990年版。

〔註14〕見《黃宗羲詩文選》，頁253，華東師範大學出版社，1990年6月版。

〔註15〕見張爾岐《蒿菴集》，頁27、28，齊魯書社，1991年4月版。

另一方面，明清二代釋道昌盛，佛老在儒生的心目中，屬於異端邪說。陳確說：「佛老之禍，至於今彌熾」（《復朱康流書》），乾初更有「道經、佛經決不可看」、「盡毀天下佛寺道院」的建議，而〈黜佛事議〉、〈不用浮屠議〉均可見到乾初攻擊釋老的論據所在，攻擊佛老背後，其實便是隱藏了表彰儒學之目的：乾初云：「確竊以爲京師首善，特立廟祀孔、孟，以示隆禮。」「蓋以聖學之隆，極於孔、孟，故當特祀大成之聖，而以子輿氏配，於禮已足。」（《聖廟議》）

總的來說，明末清初的思想家相率論述喪葬之禮的原因，從敦化導民、挽救人心，反對風水、厚葬、攻擊釋老、諸因素中，便可略知底蘊了。

第四節　明末清初的喪葬風俗

明末清初的喪葬風俗，已出現了遺棄禮法、迷信風水、篤信葬書等一系列社會現象，這種種社會現象的產生，和晉唐以來的民間風尙，有千絲萬縷的關係。歷朝禮儀典籍，例如：〈大唐開元禮〉、〈政和五禮新儀〉、司馬光〈書儀〉、朱子〈家禮〉、〈明集禮〉、〈大明會典〉、〈欽定大清通禮〉等，對喪葬禮儀的細節，都有很詳晰的記載。

明代喪俗，《明史》、《禮志》士庶人喪禮云：「洪武元年，御史高元侃言：「京師人民，循習舊俗。凡有喪葬，設宴，會親友，作樂娛尸，竟無哀戚之情，甚非所以爲治，乞禁止以厚風化。」乃令禮官定民喪服之制。」又詔：「古之喪禮，以哀戚爲本，治喪之具，稱家有無。近代以來，富者奢僭犯分，力不足者稱貸財物，誇耀殯送，及有惑於風水，停柩經年，不行安葬，宜令中書省臣集議定制，頒行遵守，違者論罪。」〔註16〕可見自明初以來，喪俗已習於奢靡，沒有了哀死思遠之情、風俗漸趨澆薄。再加上富有人家誇耀喪殯之俗、迷信風水，停棺不葬，傷恩敗俗，莫此爲甚。根據明代法律：「凡有喪之家，必須依禮定限安葬，若惑於風水，及託故停柩在家，經年暴露不葬者，杖八十。」〔註17〕儘管律有明文，可是明末清初的喪葬風俗，人民仍然是：暴骨不葬、擇地而葬、篤信地脈、虛文滋害，以及葬埋無制。茲分述之。

〔註16〕《明史》卷六十，禮志十四，凶禮三，頁1492，中華書局標點本。
〔註17〕〈明律〉引自徐乾學《讀禮通考》卷八十七，停喪不葬條。

（1）論暴骨不葬

　　十七世紀的喪俗，最爲人所詬病的，便是社會上多的是暴棺不葬、停屍不葬、積歲不葬的現象。古代下葬，一般不擇年月，故鮮有停柩不葬，下迄明清，「暴棺不葬」的現象，竟然成爲民間的風尙。陳確道出這種情況說：「今則非但於此已也，有數十年不葬者，有數世不葬，數十棺不葬而終於不可知者。」（《葬論》）

　　社會上爲什麼會出現遺棄禮法，以致暴棺不葬，下列三家說法，最足以說明之：

其一、司馬光《葬論》云：

　　「葬者，藏也，孝子不忍其親之暴露，故斂而藏之，齎送不必厚，厚者有損無益，古人論之詳矣，今人葬不厚於古，而拘於陰陽禁忌則甚焉。古者雖卜宅卜日，蓋先謀人事之便，然後質諸蓍龜，庶無後艱耳，無常地與常日也，今之葬書，乃相山川岡畝之形勢，考歲月日時之支干，以爲子孫貴賤貧富壽夭賢愚皆繫焉，非此地非此日不可葬也，舉世惑而信之，於是喪親者往往久而不葬，問之曰：歲月未利也，又曰：未有吉地也、又曰：遊宦遠方未得歸也，又曰貧未能辦葬具也，至有終身累世而不葬，遂棄失屍柩不知其處者，嗚呼！可不令人深歎愍哉！」人民由於固執於迷信禁忌，故擇日、擇時、擇地而葬，因此藉詞不葬，司馬光亦大爲慨嘆。

其二、陳確姪子陳世傳《喪葬雜錄》小引云：

　　「然世俗之人，往往勤於養生而怠於送死，至有停親之棺，積年歲而不葬者，甚有積數世，至於朽敗而不葬者，豈盡由於旣貧且賤無財以資其窀穸之費乎！大約爲子孫者惑於風水、惕於禍福，始於擇地，繼以擇日，東西南北，此言吉，彼言凶，年月日時，此云利，彼云不利，衆口紛紛，茫無定見，遂至日復一日，年又一年，遷延旣久，子姓愈繁，禁忌愈密，致使先人體魄，永無歸藏之期也。如此薄習，何分貴賤，何分貧富，沿而成俗，牢不可破，然在富貴之家爲尤甚，何也？蓋已貴則欲長保其貴，已富則欲長守其富，而且操得爲之，勢藉有餘之財，何求不得？何憂上吉之地不可尋覓耶！故雖得稍可之地，未足以慊其志，輕於棄置，流光電逝，歲不我留，忍暴親骸，遺棄禮法而不顧，嗚呼，可哀也！」（《楊園先生全集》

卷五十一）

陳世傳認為暴棺不葬的陋習，源於人民惑於風水，惕於禍福，並且相信擇地、擇日會為他們帶來富貴吉利，先人體魄永無歸藏之期，也在所不惜，此種惡習，相沿成俗，以致牢不可破。

其三、徐乾學，〈葬考〉：

「自秦罷封建而宗法不行，族葬之禮遂廢，去聖久遠，邪如蝟毛而起，淫巫瞽史得簧鼓於民間，漢武帝時，聚會占驗，即有所為，堪輿家班固藝文志，五行家有堪輿金匱十四卷，又形法家有宮宅地形二十卷、葬書蓋萌芽於此，而張平子冢賦，述上下岡隴之狀略如今葬書尋龍捉脈之為者，至東晉而郭璞專攻其術，世遂依託為青囊之書，轉相熒惑，其毒遂橫流於天下，唐太宗命呂才著論以深闢之，竟不能止。為人子若孫者，誂於禍福之說，延葬師求吉壤，剖判地脈，斟酌向背，諏選年月日時，貧者不能擇地，富者擇之太詳，於是父祖之體魄暴露中野，有終身不葬，累世不葬者，夫畏禍逡巡，是為不知命，而或以其親邀福，遲之又久，自陷於大不孝之罪，可不謂至愚乎！」（《讀禮通考》卷八十二）徐氏歷敘地理風水術之源起，自郭璞《葬書》開始，其害已見諸天下。為了求吉避凶，延請葬師，欲求福地，葬則擇年、月、日、時，至有終身不葬，累世不葬者。由上述三家說法可見，明末清初人民擇地、擇年而後葬，因為他們以為子孫之貴賤、貧富、壽夭、賢愚和風水地脈相繫，故寧願停屍不葬、暴棺不葬。

陳確反對暴骨不葬，他認為：「葬死，大事也，古人甚重之，惟恐不及時焉。」（《葬論》）又說：「葬法不惑風水，不拘時日，而俗無不惑而拘之者，士亦曰吾猶未能違俗也，至暴骨數世而不葬，可謂人乎？」（《道俗論》上）在陳確心目中，暴棺不葬是違反禮法，不循古禮的，陳確說：「死葬宜愼，生養宜愼，雖愼養必三餐，雖愼葬必三月。愼養非廢食之謂也，愼葬非停喪之謂也。」（《葬論》）在探討，「不及時而葬」的問題上，陳確認為「謂無財耶？」、「謂無地耶？」、「謂無善地耶？」都不是主要原因，乾初主要從下述四方面，探究不及時而葬的因由：

　　1. 駁斥「地能移人」說：陳確認為土地與人之禍福，並沒有任何連帶關係。

2. 駁斥「形家妄言禍福」：陳確反對擇年而葬，擇月而葬，他說：「昭穆之位定葬師不敢搖其舌，豐儉之禮均，工人無所衒其能，兄弟一心，子姪善力，不亦善乎？」

3. 論擇地而葬之道：陳確主張族葬：「擇近不擇遠，擇吾之所有，不擇人之所有。」

4. 論葬不擇年、月、日、時：陳確認爲「禍福之說何自起乎？皆妄者也？曰『起於葬師之欲賄也』爲什麼人會相信葬師的說法？就是因爲葬師利用人有避禍邀福之心，才能夠夸其辭而動之。

陳確《葬論》結論就是：「擇天地不若自擇」乾初的結論，發揮了人的主體能動性，破盡風水、陰陽、拘忌之說。在三百多年前而有此卓識，實在難能可貴。這個結論置諸今日，亦未嘗沒有一定的哲理。

論久而不葬、清人筆記已有考釋條析甚詳，顧炎武《日知錄》說：「停喪之事，自古所無。」（《日知錄集釋》卷十五）趙翼《陔餘叢考》久而不葬條云：「〈禮〉：士庶人逾月而葬，以次而上，至七月止，無久殯不葬者。」（《陔餘叢考》卷三十二）可參看。

（2）論擇地而葬

夏、商、周三代，葬不擇地，文獻足徵：元‧趙汸《葬書問對》：

> 「或問葬地之說，理有是乎？對曰有之，然則其說孰勝，對曰葬書至矣。問曰：葬書眞郭氏之言乎？抑古有其傳也。對曰不可考。周官冢人掌公墓、墓大夫掌凡邦墓，皆辨其尊卑度數而葬以其族、大司徒以本俗六安萬民，次二曰族墳墓，則葬不擇地明矣。」〔註18〕

清‧永瑢《四庫全書總目》葬書一卷條：「舊本題晉郭璞撰。璞有〈爾雅註〉，已著錄。葬地之說，莫知其所自來，周官冢人墓大夫之職，皆稱以族葬。是三代以上葬不擇地之明證。」〔註19〕下逮明末清初，時人卻擇地而葬，陳確說：「按《禮》，古無不族葬者，而今之人必擇地而葬，吾見其害而未見其利也。」（《利害》）至於擇地之道，陳確曾言：「程子曰：『擇葬地，當避五患：使他日不爲城郭，不爲道路，不爲溝池，不爲勢家所奪，不爲耕犁所及。』若由是觀，所謂擇，擇人之所棄者而已，非今之所謂擇也。古之族葬者，曾元而下，無弗祔上也，其圖足考也，其文足述也。必勿可容焉而後擇，擇近

〔註18〕見《古今圖書集成》卷六八○，藝術典、堪輿部藝文。
〔註19〕見《四庫全書總目》卷一○九，北京‧中華書局，頁921，1987年7月版。

不擇遠，擇吾之所有，不擇人之所有，近山者於山，無山者於地之高燥者、化水者。擇之道近是矣，他非所敢知也。」(《葬論》)徐乾學《讀禮通考》有葬不擇日擇地條，徵引頗詳，亦可參看。(見《讀禮通考》卷八十二)

（3）論地脈

自郭璞以來，迷信風水、龍脈、地脈者，無日無之，形家常言地乘生氣、地能移人，又能禍福人。有此說法，明末清初一般人大多篤信地脈，且相信葬地會轉移人之吉凶、禍福。陳確卻力排眾議，堅持世局並無地脈，地不能禍福人的說法。陳確論點，共分四端：

1. 天、地都是自然的存在，它本身並沒有意志：陳確說：「夫形家之言，謂地有不善，謂天亦有不善耶？天無私覆，故雨露之施不擇物，物之材不材，自為枯榮焉，非天有意枯榮之也，地承天施，亦猶是耳，人之善不善，自為禍福焉，非天與地能禍福之也。何不善地之有？」(《葬論》)

2. 地氣與葬地吉凶無關：陳確說：「至於屢發洩氣之說，誣惑彌甚。驗之地氣，以屢發而生，不發而死，今夫桑穀之土，一年再墾，加以租穫耘耔之勤，然後桑蔭廣而穀實繁，一年不墾，則桑穀盡死，此其驗矣。彼以生物承生氣，故論然耳，若夫朽骨入土，即同溝斷，尚何氣之云，而當慮其洩乎？」(《與張元岵前輩書》)正如種子入地，一分耕耘，才有一分收穫。若無耕耘，何來收成？屍骨入土，何氣之有？故屢發洩氣之說，誣惑最甚。

3. 人之死並不能復養其子孫，正如人已死，何以乘生氣？陳確說：「向使人之死亦若草木之乘生氣，則其痛有不可勝言者，今棄死人于中野，三日之後，必徧蟲蛆，且將億萬其生，何止蒸菌化螢而已哉！然草木之腐，能蒸菌化螢，而必不能復榮其枝；人之死，能孳生萬蟲，蕃蟆螾，茁鳥鳶，而必不能復養其子孫。故中古之聖人棺之椁之，所以深錮其生氣，惟恐其或泄，將復鍾為異物也，而尚何乘生氣之忍言乎？」(《復朱康流書》)草木腐朽，或蒸為菌、或化為螢，人之衰死，亦能孳生蟲螾，那有乘生氣之說？

4. 人世間根本沒有地脈，故地脈無絕續，而氣亦無衰旺；陳確云：「龍脈則吾未之聞，若地脈，固未始有間也，而又奚俟其來乎？」(《地脈論》)地能否禍福人？陳確以為不可。世人以為「蒙恬築長城，絕地脈，以殺其身，茲非其驗與？」陳確指出：「恬築長城，不惟殺其身，且速秦亡。窮民力焉故也，而致疑絕地脈乎！」換言之，恬築長城以殺其身，不關乎地脈，而是勞役人民太甚，才招致滅亡矣！陳確以為生物能承生氣，但死者則不能承生氣：「地

之氣，本於天而演於水者也。本於天，故有升降，此地之變於寒暑者然也。本於天，故異陰陽，此地氣之限於南朔者然也。演於水，故亦有衰旺，故旱竭而枯，淫溢而災，近山而剛，近水而柔，近海而鹹，近河而淡。大抵疏達者肥美、壅滯者瘠鹵，則民居之利疾、草木之菀枯應之，古之人恆致慎焉。蓋以生物承生氣，達陽之理也。於死者則不然。形魄既痿，即同溝斷，善藏之而已，奚旺之能承？故智者必擇不食之地而葬之，幽陰之義也。」（《地脈論》）

（4）論虛文

陳確目睹喪葬禮俗耗費不菲、奢華過甚，而有智者不為之嘆：「若夫重寶殉葬，盜賊生心，文石樹表、傾壓可畏，羅城周環，水之所淤，動費千金，虛文滋害，智者不為也。」（《儉葬說》）明代律令，對喪家居喪耗費，已禁止其奢華。《明律》：「居喪之家，脩齋設醮，若男女混雜，飲酒食肉者，家長杖八十，僧道同罪還俗」（徐乾學《讀禮通考》卷一百十六）這種競趨奢華的風氣，自明初開國以來，便漸漸衍生出來，下列兩條資料，便足以說明之：

1. 何塘《民財空虛之弊議》：「自國初至今百六十年，承平既久、風俗日侈，起自貴近之臣，延及富豪之民，一切皆以奢侈相尚，……民心迷或，至使閭巷貧民、習見奢僭，婚姻喪葬之儀，燕會賄贈之禮，畏懼親友譏笑，竭力營辦，甚至稱貸為之。」（《明經世文編》卷一四四）

2. 王叔英《資治策疏》：「古者制民之用，宮室飲食器用衣服之制、婚姻喪葬祭祀賓客之禮，貴賤各有等差，不得過侈而又無有釋老齋醮之設，妖淫鬼神之祠，故民無妄費，而財用常足。後世雖或有制，而未必盡行，故以庶民之賤，苟富有財貨三家，其屬處服用之物與夫吉凶之禮，擬于公侯者有之，其貪無財貨者，雖屬處服用之物，無以自給，至于婚姻之事，往往假借于人，務為浮靡者有之；及有親戚之喪，亦窮竭家賢，設作齋醮者有之；若疾病則訪之巫祝禱之淫祠，苟之祭物，或竭已貲，而致衣食窘乏者有之；必舉債于人，而致田廬典賣者有之。此所謂民用有可省之費而不省者也。」（《明經世文編》卷一二）〔註20〕黃宗羲亦謂妨礙民富三事，包括：「習俗未去（婚喪講派場）蠱惑不除（佛、巫）、奢侈不華（倡優、酒肆）」（《明夷待訪錄·財計》）

〔註20〕引自《中國思想寶庫》，頁953，中國思想寶庫編委會編，中國廣播電視出版社，北京，1990年版。

　　陳確以爲「先王之制喪也，權親疏而爲之斷，非以其名已也，蓋必有其實焉。」(《喪實議》)可惜時移世易、風俗已變：「何圖至於今日，雖號稱名賢，行若禽獸、曾不省察！」關於古今事親不同、陳確比較，詳析如下：「古人之于親，似薄而實厚；今人之于親，似厚而實薄；古人之喪親，擗踊哭泣而已，今則盛集僧尼伶優以悅里耳；古人之葬親，有懸棺而窆者，今必擇地、擇年、備物而後葬，非然，則久停而不葬。」乾初《喪實議》故云：「吾故欲籲今世之士之稍知道理者，凡事皆求其實，毋徒騖其名，而況終天之痛乎哉！」

　　陳確不尚虛文，他主張：「喪禮不作佛事，不設樂部，而士逡巡而未能姑俗而已矣。」(《道俗論》上)「棺須預製，美惡稱家爲之，切勿高大，周身而止。衣用生時所常服時服。不用僧道吹銃，不接遣煞，不立七七名色，不設酒肉，惟高年遠客，間設一二味，及隆寒間設醴。不折席，不送程帛及舟從，不設盛奠，力辭親友盛奠，不用紙錠，不謝孝、不閉靈、不停喪。」(《叢桂堂家約》喪條) 他以爲「種種薄俗，自謂能勝古人，而已不如古人遠甚。」(《喪實議》)

　　明末清初喪俗競華乖禮、耗費奢靡和明清釋道二教深入民間有關。據王廷相《喪禮備纂》不作佛事條：「世俗凡有喪者，於始死，累七、百日、周年、再周、除服、無不供佛飯僧、建設道場及水陸大會，云爲死者滅罪資福，此皆浮屠誑誘之說，當一切禁止之。」(《王廷相集》)浚川按語又云：「近世又有一等人家，父母初亡，親友醵會，鼓樂喧唱以樂尸，謂之鬧喪，甚至設席飲酒，擁妓作樂，敗壞風俗，莫大於此。」〔註21〕由此可見，世俗遇有喪事，請僧人打齋，爲死者哀悼，非常普遍。「清代喪禮，大都作佛事。」〔註22〕由於喪葬禮儀中用僧道和樂器，靡費不菲，〔註23〕陳確對此種浮文妄費，自始至終持否定態度。《陳確集》中記下述二事：

　　1.「先友吳仲木嘗同確遊山陰，傷倪鴻寶先生之喪久而未舉，詰其子，曰：舉此須二千金以上，故難之。嗟乎！葬如是其費也，死不若不葬之愈也！辟養生者必日食萬錢以爲孝，則爲人子者殆矣，而父母亦且必不得食矣。」(《養

〔註21〕《王廷相集》，頁1378，王孝魚點校，北京·中華書局理學叢書本，1989年9月版。

〔註22〕見胡世慶、張品興著，《中國文化史》上冊，頁294，中國廣播電視出版社，1991年4月版。

〔註23〕參考馮爾康、常建華著，《清人社會生活》第七章，喪葬與祭祀，天津人民出版社，1990年7月版。

生送死論》下序）葬禮耗費達二千金以上，難怪倪鴻寶之子久而未葬其父了。

2.「居常見董昭逸兄弟於貧親死喪，賻贈極厚，最可師法。今人家無故會客，致損數金或數十金，浮文妄費如此等類，不可枚舉。人苟能于此等無益之費，事事裁省，以赴窮親友之急，不其綽然耶！」（《示友帖》）陳確同意對貧親死喪，施予援手，反對無故會客、浪洒金錢，他認為：「蓋虛文日盛，則實意漸衰。」

按《明律》：「十惡不孝條，居父母喪作樂，不義條，居夫喪作樂，喪制未終釋服從吉、忘哀作樂及參預筵宴者，杖八十」《大清律文》與《明律》同（見《讀禮通志》卷一百十五，喪中用樂條）可證喪俗虛文，亦為法所不容。

（5）論葬埋無制

公元一六六三年，清康熙二年癸卯，陳確時年六十，撰《投當事揭》，乾初云：「揭為墾恩救拯愚俗，以蘇民困事。生敢陳民困之最大且亟者二端：一曰水利之不講也，二曰葬埋之無制也。」（《陳確集》）

明末清初喪葬之禮，禍延最烈者是一些葬師（風水先生）。他們「鼓其妖說，輕破民田，壞族葬之古制，使人父子祖孫曾不得同穴。」葬師之害，概而言之，包括：

1. 浪費農地：葬師不主張族葬，遇有喪事，必須土葬，以致出現浪費耕地的現象，陳確云：「每葬一棺、必博求良產，動廢數畝，其塋封開廣者，或至一二十畝，農民拱手，不敢復業，可為大痛。」（《投當事揭》）

2. 生產停頓：土地停產，經濟損失無數。陳確說：「今一邑之中，終歲舉葬者，不啻百家，歲廢千畝，是奪千人之食也。馴致百年，便廢數十萬畝矣，是奪億人之食也。大邑，田不過百萬，小邑尚不足十萬。今中田一畝，歲出米、麥、豆三石以上，腴田出四五石以上，是一夫之食也。若夫桑麻瓜果之田，歲出一二十金以上，是數口之糧也。」（《投當事揭》）

3. 遷墳棄地：人民棄地遷墳，浪費皇土。陳確說：「廣營福地、屢葬屢遷，顛越險阻，終不成葬，每遷一墳，輒棄地若干畝，荒穢滿目、略不加恤，廢塋既廣，子孫窮乏，賣妻鬻子，不足賠糧，貽累世之害，奪萬民之業，禍傷皇土，違逆天心。」（《投當事揭》）

總而言之，「今妖師妄言禍福，隔別天親，惟圖厚利，不顧民業。仁人孝子莫克自主、靡然從之，良可哀矜。」（《投當事揭》）這就是葬師之害。明末

清初時代，「天下葬師如織，殘民以逞。」（《與吳仲木書》癸巳）這些風水先生妄言禍福、廢棄族葬，只圖厚利，不顧民業，以致廣廢耕地，對當時的經濟，做成一定程度的破壞。

第五節　葬親社成立之目的與葬約

明末清初由於喪事還盛行講風水、作佛事、緩葬等習俗，〔註24〕改革民俗的聲音便乘機而起，葬親社的成立便是由張楊園、陳乾初等人倡議而成者，其成立目的乃到處勸人即時葬親。〔註25〕

據吳騫《乾初先生年譜》五十歲條、一六五三年：「九月二十九日，率子翼過桐鄉，時考夫與邑中同志舉葬親社於清風里，延先生主其事，十月朔，舉葬社會，先生父子皆在會，明日歸里。」

關於葬親社之禮儀，賓客姓名、文獻亦有記載。《楊園先生年譜》云：「歲會者，集葬社中人，及四方觀禮之士，延有學行者賓事之先生為主，懸孟夫子像於中堂，考鐘伐鼓，行士相見禮，講學讀法，成禮而退、賓為烏程凌渝安克貞、德清唐灝儒、沈上襄中階、海寧陳乾初、嘉興徐敬可諸人。」（引自吳騫《陳乾初先生年譜》）原來葬親社主人為張履祥，履祥延請陳乾初、唐灝儒、凌渝安等人為賓，中堂高懸孟子像，行士相見禮，有儒生講學，禮成而退。當時賓客數目，亦歷歷可考。據陳世傳《喪葬雜錄小引》云：「桐川楊園先生舉行葬親社於清風里，同事者六十四家，請乾初先生為賓，以光壇席，誠盛事也。」（見《楊園先生全集》卷五十一）又張履祥《楊園葬親社代同社請賓公陳乾初先生啟》云：「茲者習流既蔽，教澤之微，愚民牽俗，處其親于非禮之禮、貧士匱乏、怠厥事于欲為不為，因于去多，敬遵唐灝儒先生勸勵之法，集同里六十四人舉葬親社于桐鄉之清風里，來月朔日，歲會卜期，敢亢德光，賁斯壇席，推論葬錫類之情。」一六五五年，陳乾初五十二歲，十月，楊園復舉葬社於甌山錢本寧家，請先生為賓，《楊園先生集·葬親社為同社請賓公陳乾初先生啟》：「茲以敝邑人士，曩遵莘里之規，爰舉葬親之會，來月朔日，歲事卜期，念生養而死葬，固百姓其與能，而隨俗以習非，乃賢者有不免。」（吳騫〈陳乾初先生年譜〉）可知當時有親死不葬的習俗、不合古禮，

〔註24〕見滕复、徐吉軍等編著，《浙江文化史》，頁307，浙江人民出版社，1992年6月版。
〔註25〕見楊榮國《中國十七世紀思想史》，乾初思想的一般。

葬親社之歲會，發揚生養死葬的美德，革除了當時喪不葬親的流弊。

至於葬親社會金的數目，曾經宣揚其事的同志，陳確《葬社啓》也略有所提：「吾友莘墅唐灝如兄，始舉葬會，爐溪張考夫兄繼之，而葬者甚多。社事之盛，無過今日，有如兩兄之切實有益者乎！佛墩蔡養吾兄曾倣行之，而未廣也，今龍山友人更欲廣三君子錫類之孝，而屬確董其役，確不敏，何足以當之！亦惟是敬布唐、張二子之約於諸同志而相教守之，俾確無奉行不謹之誚，則惟諸君子左右扶持之力是恃，非確之衰憊所能勝任也。會金每位五錢，米行等色不足者估增，恐力有不同，略分上中下三等。」原來葬親社號召力也不少，陳確的龍山同志亦欲推廣唐灝如、張考夫、蔡養吾三人葬會之舉，囑咐陳確董其事，故確亦言：「此吾法之微異唐、張者，其餘悉如兩兄之約，無所改。敢先布其略如此，其詳另載約書。」（《葬社啓》）

參與葬親社的人，陳確認爲是：「此社以提撕葬心而廣錫類，故不問士民、不拘貧富；惟無信者，雖士而富，勿使入社。會後有聞風欲與者，推此約從事。」（《葬約》）以下是葬約的內容：

1. 踰年不葬者罰，責其後葬。《葬約》：「唐、張子之約，皆以五年爲期。於《禮》，無踰年不葬者，況五年乎！會金五錢、有兼、有全、有半，量力而居之，先收者不出息，功先葬也。過五年，雖葬，同社不復致金，罪後葬也。同社有葬，先一月告社首，社首告宗首，宗首集同社之金，先葬十日致葬家，母後事，後者罰環翠紙二刀，半會一刀，三罰不戒，竟聽出社，罰無可加故也。惟貧困者不在此例。」

2. 違約者出社，貧不能全約者亦如是。《葬約》：「或曰：有先收者利於出社，而故違約以激衆怒，將若何？曰：吾社必無若人。果有之，同社亦有罪焉，則徑聽出社，而先責之同宗，同宗不能應，則及同社。於貧不能全約者，亦然。寧可使葬者有觖望乎！」

3. 年終結算葬數，希望同宗未葬者速葬。《葬約》：「每歲終，社首集宗首登一歲之葬數與其月日於簿，而申告同宗之未葬者之母弛葬事也。」

今本《陳確集》中有《與同社書》一文，便是陳確寫給葬親社同人者，乾初云：「敬以所集《族葬圖說》並《臆說》數篇及〈與張元岵書〉具錄呈覽，並前所奉《葬論》，俱賜詳照，餘尚容晤盡，臨書不勝翹切。」（《與同社書》）可見陳確勸葬親社諸同志閱讀其論葬文章，乾初的葬論，於明末清初的影響力，於此可見一斑。

第四章 《葬書》宗旨

第一節 陳確《葬書》的寫作動機

　　明末清初的喪葬禮俗，既然出現了暴棺不葬、擇地而葬、篤信地脈，崇尚虛文、葬埋無制種種的流弊，為了挽救人心，改良風俗。陳確的《葬書》，便是在這樣的時代和環境下的產物。這個時代，就如顧炎武所謂：「目擊世趨，方知治亂之關必在人心風俗，而所以轉移人心，整頓風俗，則教化紀綱為不可闕矣、百年必世養之而不足，一朝一夕敗之而有餘。」〔註1〕如何達致整頓風俗，轉移人心的目標呢？陳確便提出：「知乎此而推之日用，事事求實理實益，不苟徇虛名，即違道不遠矣，豈惟葬然哉！」（《葬書》自序）陳確論葬上承孔子薄葬論的傳統，下開「及時、族葬、深埋、實築」的言葬綱領。再由論葬而推之日常生活，便可體會乾初的「事事求實理實益，不苟徇虛名」的實學思想。陳確《葬書》的寫作動機，可從下述五個角度析述之：變通古禮、提倡孝道、攻擊葬師、駁斥風水、拯救人心風俗，茲分論如下：

（1）變通古禮

　　陳確變通古禮，教人學習《周禮》，他認為「《周禮》族葬，其法甚善，聖人復起，必不能易。」（〈與同社書〉）乾初亦曾言：「我學〈周禮〉，以式子孫、百千億年、青于白雲。」（〈查氏石家漾三世合葬誌〉）陳確心目中的古禮，就是先聖王的令典，他說：「若以禮，則自有先聖王之令典在，非確之愚所得

〔註1〕見顧炎武《與人書九》——《顧亭林詩文集》，頁93，北京・中華書局，1983年5月版。

自增損也。」(〈俗誤辨〉序) 又云:「惟茲喪葬之禮,竊欲率由前典,不敢因循敝俗,以背昔賢之訓,以辱吾婦,亦所以報也,兼欲遺吾後之人,永爲家法,故詳著之。」(《婦喪約》)〔註2〕

陳確主張:「一切喪葬、條分縷陳、屏棄俗禮,而式先民。」(〈祭祝開美文〉)「賓、昏、喪、祭,循禮而不循俗」(〈近言集〉)乾初因曾居父喪未能循禮,而深深地感到悔咎:「僕昔年喪父,隨俗習非,不能循禮,眞是千古罪人,然每當賓朋讌集之日,亦未嘗不良心中發,頭面赤脹,坐者怪之,自後每近先人忌日,輒斷腥一月,然亦何能贖吾罪之萬一。」(〈喪實議〉)

面對屏棄古禮、喪禮隨俗的時代,陳確曾經有此感慨:「嗟乎!喪禮之壞久矣,今世之所守者,皆非禮之正也。」(〈寄蔡養吾書〉)因此,陳確主張居喪必須黜佛事和禁鼓樂,由此而「振行久廢之禮,提撕既死之心」(〈答查石丈書〉)因爲「盡禮不盡禮,人禽之別也。」(〈婦喪中示翼兒〉)

葬禮以合乎人情、盡心爲務。陳確說:「故日:『死葬之以禮』禮也者,不可不及,亦不可過也。」(〈與張元岵前輩書〉)又說:「居廬,禮也,廬墓,非禮也」(〈與吳仲木書〉)孝子只要「參力禮而盡心焉,則中庸可庶幾矣。」(〈養生送死論〉下)盡禮與不盡禮,二者如何界定?陳確認爲:「禮所得爲則爲之,力所能爲則爲之,即力所能爲而禮有所不得爲,禮所得爲而力有所不能爲者,雖聖人弗爲,如是而已。……禮所得爲而不爲謂之儉、不得爲而爲謂之僭。力所能爲而不爲謂之偷,不能爲而爲謂之愚。二者,賢不肖之相去,其間不能以寸。」(〈養生送死論〉下)

陳確不單只在言論上變通古禮,在日常生活中,他亦能身體力行:

像〈婦喪約〉十三條〔註3〕、《叢桂堂家約》喪葬條〔註4〕、《俗誤辨》喪葬二十五條〔註5〕等,處處可見其變通古禮的主張。陳確在六十八歲時,著《葬經》並自爲注:「往年葬父以來,嘗深究多未合禮,竊心痛之,故敢復布此篇,並諸圖法,以告天下後世之凡爲人子者。」與陳確交誼甚深的查石丈,居母喪時不能自卒於禮,乾初移書云:「自夫禮教不明,人心盡汩,僕之少年,性益粗放,居先人之喪,全無人理,後稍知痛悔,恆斷腥食于先忌之月,支離補救,終亦何裨,

---

〔註2〕 引自楊向奎《清儒學案新編》二,頁42,齊魯書社,1988年9月版。
〔註3〕 見《陳確集》,頁281、282。
〔註4〕 同前註,頁516。
〔註5〕 同前註,頁507～510。

以此欲徧告同人，一洒此恨，〈喪實〉之作，誠痛結于心之至也。……
又不意石丈以多病之後，輕聽婦人之仁，于七終之日，暫用酒肉，
友朋謙集，間一預之，于禮亦未有大害，而鄙人硜硜之性，獨以爲
斷然不可。何者？世俗望深，謂石丈之勇于矯俗若此，而能黜佛事、
禁鼓樂若此，不以酒肉陷弔客于非禮若此，而石丈兄弟復不能自卒
于禮，然則向者非眞能行古之禮也，儉其親己耳，慢客而已耳。僕
雖甚愛石丈，安能爲之解說乎？」（〈答查石丈書〉）查石丈居母喪，
於七終之日，暫用酒肉招待朋友，乾初責之以爲不可。查石丈能黜
佛禁樂，不以酒肉陷弔客于非禮，世人稱譽石丈矯俗若此，乾初卻
覺得石丈非眞能行古禮，而只是儉親慢客而已。吳騫《陳乾初先生
年譜》卷下四十七歲三月初三日婦王氏卒條案語：「先生平居，遇家
忌，皆立忘月，述僮來魁事云，禮有忌日，無忌月，自亡友祝開美
始行之，吾問其所以，泫然曰：淵昔居二人之喪，不能卒禮，故以
月補之。某感其言，亦忌月，於是某之猶子錫、枚，並子翼皆忌月，
所以補喪禮之失也。又案楊園〈答吳仲木書〉乾初兄云：「考忌宜專
祀考、妣忌宜專祀妣，齋日不飲酒茹葷，不禁食肉。」可作爲陳確
變通古禮的旁證。

（2）提倡孝道

重視喪葬之禮，亦即爲人子者體現孝親之心，陳確說：「夫孝者，百行之
原，喪死尤孝事之大。一端虧損，百行莫救。」（〈喪實議〉）孟子曰：「養生
不足以當大事，惟送死可以當大事」乾初撰〈養生送死論〉上下篇，闡釋、
發揚孟子此義頗詳，原來明末清初時期，喪身徒具虛文，孝子缺乏誠敬之心，
換言之，喪禮徒具形式，沒有至敬至誠的實質，陳確眼見這種現象故希望人
們分清虛實：「蓋謂人子之事父母，猶有虛實之分。」（〈養生送死論〉上）乾
初又云：「由確論之，惟養生功夫是父母切實受用處。至于送死，雖必誠必信，
勿之有悔，而在人子皆發於實心，在父母則盡是虛文矣。」（〈養生送死論〉
上）供養父母故然切實受用，人子送終，更需講究誠信，發乎眞心，才可克
盡孝道，不過，站在父母的角度來看，人子在其父母死後所做的一切，都已
屬於虛文，是無濟於事的了。可惜當時的社會，依然是：「浮文妄費，如此等
類，不可枚舉。」（〈示友帖〉）

儒家奉行三年之喪，宰我欲更改爲期年之喪，孔子謂宰我不仁，說：「子

生三年，然後免於父母之懷。夫三年之喪，天下之通喪也。予也有三年之愛
於其父母乎？」〔註6〕明清之際，有人提議把喪期由一年改爲四十九天者，陳
確駁斥之云：「三年之喪，宰予欲期之，夫子猶謂之不仁，況又減而爲四十九
日乎！眞可爲痛哭流涕長太息者也。頃辱石丈一札，拳拳請益，悔過之誠，
可謂一字一淚。以此知仁孝之性，人所固有，向爲習俗所蔽耳。雖然，此豈
獨石丈兄弟之責乎？而人子之所以孝其親，又豈止居喪一事乎？」（〈致查靜
生書〉）

　　在平居生活中如何實踐孝道？爲人子者便要做到：

　　1. 把父母合葬：乾初認爲「夫婦分葬，今人亦知其不可，夫婦既不可分，
胡爲父子而獨可分乎？父子既不可分，則子之子，孫之子，何莫而非父子也
者！生欲親之，死欲離之，於情於理，未見其可。爲人子者，能仰體吾親靡
瞻靡依之情，而妄生揀擇，使父子異域，或隔數里，或數十里，或至不可道
里，未足以安親魄，而先以傷親心，謂之爲孝，竊所未解。」（〈與張元岵前
輩書〉）

　　2. 居喪時不可違禮：乾初說：「夫居父喪而違禮，老母在堂，遺以煩憂，
殆非所以爲孝也。」（〈與陸冰脩書〉）

　　3. 喪盡其實，不飲酒，不吃肉；乾初說：「嗚呼！人心失、禮教衰，而斯
人之絕無異於禽獸也，非一日而然矣，執親之喪，而飲酒也，食肉也，室家
之懽宴也，欲不謂之禽獸，可乎？某昔之居父喪也如是，既而追痛無已，則
嘗爲之著〈喪實〉，以呼號天下之爲子者，而莫之或應也。」（〈哭徐敬輿孝子
文〉癸己）

　　4. 居喪必須遠離詩文酒食；乾初云：「而人子之所以孝其親，又豈止居喪
一事乎？恐吾輩今日悠悠於詩文酒食，而茫然不知爲身計者，皆不孝之尤者
也，亦大可懼矣。」（〈致查靜生書〉）

　　仁孝之性，既爲人們之所固有，《葬書》之作，陳確旨在闡揚孝道，根抵
孝親之心，在喪葬瀰漫着不及時而葬，或擇地、或擇年、或擇時、或擇日而葬
的風氣下，陳確撰〈葬論〉說：「葬死，大事也，古人甚重之，惟恐不及時焉，
由今人言之，則若古人之甚忍於其親，何惜虛堂尋尺之地，不使死者稍留，而
務速棄之重泉以爲快哉！嗟乎！此人心之所以亡，而仁孝之道息也。」總的說
來，陳確《葬書》的寫作動機，其中之一無非是弘揚孝心，提倡仁孝之道。

〔註6〕見朱熹《四書章句集注》，頁 181，北京・中華書局，1989 年 6 月版。

（3）攻擊葬師

明末清初浙江一帶，人民看風水、擇墳地、尙厚葬、成爲當時的社會風氣。當時世俗所謂「葬師」（即今天的風水先生），數目亦不少。陳確也注意到云：「而今天下葬師如織，殘民以逞、賢愚胥溺、罕能出頭，某誠私心痛之。」（〈與吳仲木書〉）

陳確一再指陳葬師之害，他說：「嘗論異端之害，自楊、墨而後，學莫詭于二氏；佛、老而外，禍莫烈於葬師。」（〈復朱康流書〉）又說：「今天下異端之爲害多矣；葬師爲甚，佛次之，老又次之。」（〈甚次〉）在陳確心目中，佛老雖爲異端，但不及葬師之禍害：「罪未至于暴人骨，拆人父母，啓爭速獄，家破親離。」故陳確說：「若葬書之倍叛失理尤非佛老之書之比，而儒者莫之辨。葬書誣矣，葬師又甚焉，而儒者莫之黜，又躬勸爲之戒。……故凡書之言禍福者，皆妖書也，而葬書爲甚；凡人之言禍福者，皆妖人也，而葬師爲甚。」（〈甚次〉）

葬師有什麼禍害呢？歸納來說，葬師之禍害包括下列三端：

1. 破壞族葬古制：葬師爲了圖謀厚利，教人父子祖孫分葬，破壞族葬古制。陳確說：「今葬師鼓其妖說，輕破民田，壞族葬之古制，使人父子祖孫曾不得同穴。每葬一棺，必博求良產，動廢數畝，其塋封開廣者，或至一二十畝，農民拱手，不敢復業，可爲大痛。」（〈復朱康流書〉）陳確《投當事揭》亦云：「今葬師鼓其妖說，輕破民田，壞族葬之古制，使人父子祖孫曾不得同穴。」族葬古制與葬師之說在當時社會已不可共存：「蓋族葬之禮行，則葬師之說廢，葬師之說行則族葬之禮廢；此必不兩存之勢。」（〈與張元岵前輩書〉）陳確亦已察覺出來了。陳確因而說：「蓋居心雖淨，而操術已乖，信妖人之僞書，廢族葬之良法，以無爲有，以是爲非，隔絕天倫，廣廢耕地，下亂人紀，上干天刑，理之必然，何足深怪！」（〈與同社書〉）葬師之害便明顯不過。

2. 廢農業、奪墳塋：由於破壞族葬，葬師主張拿土地來建造新墳，以致浪費了大量農地，影響了農產的收成：「每葬一棺，必博求良產，動廢數畝，其塋封開廣者，或至一二十畝，農民拱手，不敢復業，可爲大痛，今一邑之中，終歲舉葬者，不啻百家，歲廢千畝，是奪千人之食也。馴致百年，便廢數十萬畝矣是奪億人之食也。大邑，田不過百萬，小邑尙不足十萬。」（〈投當事揭〉）

耕地荒廢，實源於葬師壞族葬的主張，一幅不忍卒睹的農村景象，陳確

把它描繪了出來:「且欲以一人之朽骨長據數畝之腴田,其塋封開廣者,或更至數十畝,苟此俗不變,地何以給?民何以堪?此何異暴君污吏之多爲園圃湾池以害民者乎?顧古之爲暴者,國止一君;今之爲暴者,一鄉有數十師,一師阡數十墳。古之園圃,君可公之於民;今之墳塋,父不可公之於子。每一拭目,平原曠野,壘樹彌望,率皆沃壤,耕夫拱手,民業日促,可爲寒心。」(〈與同社書〉)又由於棄地太多,農產失收,子孫愈來愈窮困、人民生活愈加困苦:「甚有廣營福地,屢葬屢遷,顛越險阻,終不成葬者。每遷一墳,輒棄地若干畝,荒穢滿目,略不加恤,廢塋既廣,子孫窮乏,賣妻鬻子,不足賠糧。貽累世之害,奪萬民之業,破傷皇土,違逆天心,異端之禍,無烈於此。」(〈投當事揭〉)

3. 引致人心貪溺:陳確說:「蓋士人之信風水,與婆子之信佛,其受害淺深雖有不同,要並爲貪心所中。」(〈與老友董東隱書〉)爲什麼人會迷信風水呢?根源在於「起于葬師之欲賄也」(〈葬論〉)葬師利用人們求吉避凶的心理,「夸其辭以動之」,使人上當受騙,他們便從中得到實惠,[註7]這就是陳確在《葬論》所說的:「然則禍福之說何自起乎?皆妄者也?」曰:「起于葬師之欲賄也。彼知人子哀親之心必不勝其避禍邀福之心也,而夸其辭以動之,則重賄立至,不虞夫愚夫愚婦之終惑其說而不悟也,非惟愚夫婦爲然也,賢知之士皆終惑之而不悟也。」

由於葬師導人於風水迷信,陳確從經濟角度痛責葬師之害,既斥之爲異端,且嘆其禍世益深以及貽誤蒼生。乾初痛斥葬師的說話,不勝枚舉,茲條列如下:

《投當事揭》:「故凡百葬師,天罰必重,非及身流落,則子孫滅絕,萬無一全。此輩孽由己作,雖萬死何惜,其如久貽天下蒼生之害何!」

《與張元岵前輩書》:「葬師必無後,歷有明驗,此損地傷稼,分離人骨肉,而重其罰也。」

《投當事揭》:「今妖師妄言禍福,隔別天親,惟圖厚利,不顧民業,仁人孝子莫克自主,靡然從之,良可哀矜。」

《異端論》:「異端之倍道益甚,禍世益深,而人莫覺其爲異端焉者,葬師之說是也。」

[註7] 參考王玉德著《神秘的風水》——傳統相地術研究,頁394,廣西人民出版社,1991年8月版。

《與老友董東隱書》：「弟嘗謂今世佛教之害，百於楊、墨，葬說之
害，復百於佛氏，弟方併力以攻葬師，未暇闢佛，因感兄教，故偶
不及之，非敢護己而求勝也。」

總的來說，陳確攻擊葬師，可以歸納言之：

1. 葬師導至習俗之迷、風水之禍；
2. 葬師破壞族葬，廣廢耕地，影響農村的生產；
3. 葬師之貽蒼生，禍世益深。

由上所述，葬師的為害可謂舉不勝數，他們妄言禍福，廢棄族葬，圖謀
厚利、不顧民業，廣廢耕地，對明末清初的農村社會，做成很大程度的經濟
破壞。

（4）駁斥風水

打從漢代開始，下迄明清，由於一般民眾有趨吉避凶的心理，以致相墓、
相地、形家、風水之術，在我國民間廣泛流行。然而，歷代對風水術持批判
態度，主張駁斥風水的學者，亦大不乏人。他們包括：漢代王充（見《論衡·
薄葬》）、晉代嵇康（見〈難張遼叔宅無吉凶攝生論〉）、唐代呂才（見〈五行
祿命葬書論〉）、宋代司馬光（見〈葬論〉）、程頤（見〈葬說〉）、元代吳澄（見
〈贈朱順甫序〉）、趙汸（見〈葬書問對〉）、明代張居正（見〈葬地論〉）、胡
翰（見〈風水問答序〉）、項喬（見〈風水辨〉）、黃省曾（見〈難墓有吉凶論〉）、
清代丁芮朴（見〈風水祛惑〉）等。〔註8〕陳確《葬書》的撰作，可說是繼承
歷代反風水的觀點，而又針對明末清初群眾迷信風水濫言遷葬所發出的時代
的呼聲。

甚麼叫做風水？它的定義如何？明人項喬〈風水辨〉云：「所謂風者，
取其山勢之藏納、土色之堅厚、不衝冒凹面之風，與無所謂地風者也，所
謂水者，取其地勢之高燥，無便水近夫親膚而已，若水勢屈曲而環向之，
又其第二義也。」〔註9〕從地理學的角度來看，這是對「風水」二字，一個
最形象的說明。不過，翻查典籍，「風水」卻有另外一個解釋。據何曉昕說：
「風水又被稱作『青鳥術』，這一典故出自〈軒轅本紀〉。即『黃帝』始劃
野分州，有青鳥子善相地理，帝問之以制經，可見風水最初是一種與地理

〔註8〕 引自尚達翔、張正武著，《風水與民宅》第六章，歷代對風水的評價，頁 94
～154，山西人民出版社，1992 年 5 月版。

〔註9〕 見《古今圖書集成》，博物彙編藝術典，第六百八十卷，堪輿部藝文。

有關的學問。」〔註 10〕風水術的歷史，源遠流長，它孕育於先秦，發生於秦漢、傳播於魏晉南北朝、漫延於隋唐五代、盛行於兩宋、卻泛濫於明清二代。〔註 11〕

明人王廷相（1474 年～1544 年），早於十五世紀已提出他的反風水的觀點，王廷相說：「葬有風水之說，何如？」曰：「邪術惑世以愚民也。古之大儒已歷詆其繆矣。」曰：「今之學士大夫，尚崇信而不為之變，何也？」曰：「茲習染之深乎！或貪鄙之心固於求利而為之也，……是葬之為道也，歷世相承以漸，而後盡善，如此，曾何有於擇地？又何論夫風水環聚山川形勢之利也哉？蓋人子於親之生也，必欲得居室臥具之美以樂其生；又其歿也，亦欲得善地以藏其體也。此孝子仁人事死如事生之意也。今乃緣之以窺利，不孝之事莫大於此。故今之擇地者，取其方向之宜，土脉之厚，生物之茂，足矣。所謂風水龍虎之妄說，詎可信而惑之乎？」〔註 12〕王廷相一語道破風水乃惑世愚民的邪術，而學士大夫信風水，因為貪鄙求利之心，人皆有之。孝子求善地以葬、擇地而葬，無非是那種窺利之心作祟使然，故廷相認為風水龍虎之說，並不足信。

明清之際，時人惑於葬師，迷信風水，原因何在呢？陳確認為：

（1）葬師欲賄

陳確《葬論》說：「然則禍福之說何自起乎？皆妄者也？」曰：「起於葬師之欲賄也，彼知人子哀親之心必不勝其避禍邀福之心也，而夸其辭以動之，則重賄立至，不虞夫愚夫婦之終惑其說而不悟也。非惟愚夫婦為然也，賢知之士皆終惑其說而不悟也。」易言之，葬師利用人們求吉避凶的心理，「而夸其辭以動之」，使人們上當受騙，而葬師得到實惠。

（2）溺於貪心

陳確《與老友董東隱書》云：「蓋士人之信風水，與婆子之信佛，其受害淺深雖有不同，要並為貪心所中。」什麼叫做貪心？王廷相認為人迷信風水，因為一般人誤以為風水「能致人福祿。」這無非是「貪慕富貴之心使之然耳。」

〔註 10〕見何曉昕編著《風水探源》，頁 6～7，東南大學出版社，1990 年 6 月版。
〔註 11〕同註 7。
〔註 12〕見《王廷相集》，頁 660，卷三十六，〈喪禮論〉十七首，〈風水〉，北京・中華書局，1989 年 9 月版。

〔註13〕論士人之迷信風水、異端邪說，廷相及乾初論點相若、謂士人之信風水爲貪心所中、或貪鄙之心固於求利而爲之。故風水不可能福蔭子孫、只能遺禍於世。

由於迷信淺葬、誤信葬師之言，陳確乃指出習俗之迷、風水之禍：「今世俗皆惑於葬師之說，謂深則有水，苟爲淺葬，淺葬不已，漸且培土高葬，名雖爲葬，實同暴露，每見風雨摧殘，不出數年，便已坍毀，蟻垤兔穴，以飽蟲獸，乞人掘蛇，獵人掘獾，動遭開發，子孫熟視，無可如何。縱立時收揜，而棺骸殘毀，冤痛曷伸！覆轍相仍，莫之懲改，此皆習俗之迷，風水之禍也。」〔註14〕

總的來說，陳確以爲人之家運、壽命、禍福與葬地風水完全沒有關係。乾初說：「若乃家運之有興廢，謀爲之有成敗，壽命之有短長，息胤之有繁耗，或由人身，或由天命，禍福之機，何可深論！必欲一一準之葬地，則愈惑矣。」〔註15〕陳確主張：「葬法不惑風水，不拘時日，而俗無不惑而拘之者」〔註16〕由此而駁斥風水，乾初說：「地之美惡，實不可以形求，愚誣之師，百無一得，盡心營築，水蟻自遠。」（〈與張元岵前輩書〉）乾初又云：「至於屢發洩氣之說，誣惑彌甚。驗之地氣，以屢發而生，不發而死。今夫桑穀之土，一年再墾，加以租穰耘耔之勤，然後桑蔭廣而穀實繁，一年不墾，則桑穀盡死，此其驗矣。彼以生物承生氣，故論然耳。若夫朽骨入土，即同溝斷，尚何氣之云，而當慮其洩乎？」（同上）植物之茁壯成長，必須經過悉心栽培，倘若一年不墾植，則必死無疑。人死而下葬，那還有什麼生物承生氣之可言呢？故風水之說、毫不足信，而形家之言曰「吾能轉移人禍福如反掌，陳確卻不以爲然。乾初論點爲地無分生人地或死者之地，故地能移人說爲虛妄，陳確說：「或曰：『地能移人，如北人常強，南人常弱，非地氣然哉？』應之曰：『若子之言也者，生人之地也。吾昔之所言，死者之地也。譬之艸木，當其發榮，則瘠美之地不無異態，及乎黃萎，歸之泥土，則均之朽腐耳，又何瘠美之異之有哉！」（《葬論》）人在既死之後，又怎能影響生人呢？陳確駁斥父死子蔭說舉一個妙喻：已死之父之愛其子，未若生父之能愛其子，故父子一氣相感說爲虛妄之言。乾初說：「曰：

〔註13〕見《王廷相集》，頁887，〈雅述〉下篇。
〔註14〕《陳確集》，頁367，〈投當事揭〉。
〔註15〕《陳確集》，頁485，〈與同社書〉。
〔註16〕《陳確集》，頁170，〈道俗論上〉。

『父母之於子，一氣也，故雖死而得氣，則復能蔭其子；一氣之相感不可
誣也。』『是何言歟！是何言歟！雖父母之愛其子，無生死一也，固也，雖
然，則死父之愛其子，未若生父之能愛其子者也。今生父之欲貴其子也，
必爲之聘名師，擇良友，飾華館，聚群書，所以牖其子之學者無弗至也。
然其子視詩書如仇讎，夜半踰垣而出走，則其父梌胸頓足，而無可如何。
欲富其子也，則爲之教勤教儉，以身先之，而其子竊笑也；穴地複墻以遺
之金，而不足當撂蒱之一擲也。欲其子之多男子也，爲之妙選不妒之妻。
博置宜男之嬴，而終勿能育也，則勿能育也雖生父無奈何耳。惡有其骨既
朽而反能化頑子使慧，乞子使厚殖，不宜子之子婦使宜子？是何言歟！是
何言歟！」（《葬論》）

（5）拯救人心風俗

明清之際，關心風俗教化和世道治亂之關係，不約而同成爲當時思想家
相關注的課題，而風俗教化，包括了一個時代的社會、人心、宗教、經濟、
環境和制度等。顧炎武爲了整頓風俗，便提出教化紀綱不可或缺的主張；亭
林說：「目擊世趨，方知治亂之關，必在人心風俗，而所以轉移人心，整頓風
俗，則教化紀綱爲不可缺矣。」〔註17〕炎武的嗣祖紹芾早已提議：「士當求實
學，凡天文、地理、兵農、水土，及一代典章之故，不可不孰究。」〔註 18〕
陳確亦主張：「吾故欲籲今世之士之稍知道理者，凡事皆求其實，毋徒騖其名」
（《喪實議》）

明末清初時期，人心風俗敗壞到那個地步呢？潘耒說：「至於嘆禮教之衰
遲、風俗之頹敗，則古稱先、規切時弊、尤爲深切著明。」〔註 19〕陸隴其亦
慨嘆云：「至於啓（天啓）、禎（崇禎）之際，風俗愈壞，禮義掃地，以至於
不可收拾，其所從來非一日矣，故愚以爲明之天下不亡於寇盜，不亡於朋黨，
而亡於學術。」〔註 20〕

陳確則嘆息那是一個「禮教不明，人心盡汩」的年代（《答查石丈書》）
乾初亦坦白地說：「吾昔年居父喪無禮，至今以爲深痛。」（《婦喪中示翼兒》）

〔註17〕 見《亭林文集》卷四，與人書九──《顧亭林詩文集》，頁 93，北京‧中華書
　　　　局，1983 年 5 月版。
〔註18〕 見《亭林餘集》，〈三朝紀事闕文序〉──，同前註，頁 155。
〔註19〕 見潘耒《日知錄》序──《日知錄集釋》，上海古籍，1985 年 6 月版。
〔註20〕 見《三魚堂文集》卷二，〈學術辨〉上──《清儒學案新編》第一卷，頁 667，
　　　　三魚學案，齊魯書社，1985 年 2 月版。

爲了拯救人心風俗、裨益世道，「陳乾初先生著〈葬論〉、〈喪實論〉諸篇，大聲疾呼，責人速葬，其言激切誠懇，有裨世教。」〔註21〕

明清葬禮耗費奢靡，厚葬成爲社會的風尚，爲了挽習俗而救人心，黃梨洲和陳乾初都主張薄葬、儉葬。黃梨洲久病不愈，於康熙三十二年（1694年）作《梨洲末命》文云：「凡世俗所行折齋、做七、一概掃除。」〔註22〕其後，梨洲又撰《葬制或問》說：「或問：『送死者，棺周於身，椁周於棺，古今之通義也，今子易棺以石床，易椁以石穴，可乎？』曰：『何爲其不可也？』」〔註23〕可見梨洲認爲喪禮不必鋪張，而孝子居喪，必誠必信便可。陳乾初亦主張儉葬，乾初說：「若夫重寶殉葬，盜賊生心，文石樹表，傾壓可畏，羅城周環，水之所淤，動費千金，虛文滋害，智者不爲也。」（〈儉葬說〉）他以爲用寶物陪葬，既帶來奢靡之風，又令到盜賊垂涎，故此喪身鋪張耗費，爲智者所不取。

陳確力陳水利葬埋二事爲影響明清之際民生最要者，乾初說：「生敢陳民困之最大且亟者二端：一曰水利之不講也，二曰葬埋之無制也」故此上《投當事揭》，目的爲：「揭爲懇恩救拯愚俗，以蘇民困事。」（《投當事揭》）乾初又云：「惟天臺神明洞徹，素燭奸妄，明彰告戒，喚醒癡愚，嚴爲限制，不許出鄉遠葬；近山葬山，平陽祔葬舊墳，不許更造新墳。」此言民尚遠葬，更造新墳，間接削減了農地，乾初喚醒世人，只許祔葬舊墳，不准更造新墳。另一方面，當時民俗爲圖方便，多行淺葬，陳確卻主張：「乞天臺大申憲令，痛懲淺葬，使愚俗爲之一變，雖西伯之澤枯骨，何以加茲！」（《投當事揭》）換言之，乾初力主深葬，以矯淺葬之弊。

總之，陳確《葬書》之寫作動機，處處體現了「事事求實理實益」的主張；同時，它批判葬師，移風易俗。乾初認爲「故擇天地不若自擇」（《葬書》）即人的自我抉擇和努力，更爲重要。陳確《葬書》諸篇之撰作，在《答蕭山來成夫書》中，乾初亦坦白交待其寫作動機說：「一欲黜地師，復族葬，以救一時癡愚狂惑之俗」，由此可見，攻擊葬師，提供族葬，乃陳確拯救人心風俗的具體主張。

〔註21〕見許楹《罔極錄》──《陳確集》，頁43。
〔註22〕見《黃宗義詩文選》，頁253，華東師範大學出版社，1990年6月版。
〔註23〕同前註22，頁255。

第二節　陳確《葬書》的宗旨

陳確四十七歲輯〈喪實論〉、〈葬論〉五十二歲爲張楊園賓客舉葬社於甑山錢本寧家，六十八歲著〈葬經〉，並自爲注（見吳騫《陳乾初先生年譜》卷下），俱見乾初中年以後對葬俗的重視。〈葬論〉、〈葬經〉兩篇文章，後人亦分別把它們編入《葬書》上卷和下卷，《葬書》二卷，在一八五四年，由無名氏初次刊行。

陳確《葬書》的宗旨，後人有這樣的評論：許楹云：「其言激切誠懇，有裨世教。」；管鳳苞曰：「余家藏有先生《葬書》二冊，後附〈先世葬事〉一卷，其言皆懇惻，愼終之意盡矣」（引自陳敬璋《陳確乾初先生著述目》）明末清初的喪葬風俗，出現了葬埋無制、暴棺不葬、擇地而葬、虛文滋害種種的流弊，爲了挽救人心，移風易俗，陳確撰文抨擊社會上一些違棄古禮的現象，無非教人改良葬俗，達致針砭時弊之目的，《葬書》的撰述，便是在這個時代環境下的產物。

從《葬書》的自序，全書的宗旨也可從中畧窺全約。《葬書》自序云：「昔孔子嘆『中庸之德，民鮮久矣』，夫中庸之德，豈人所不知不能！夫以孔子之聖，七十子之心悅誠服，而顏氏子之喪，門人欲厚葬，夫子數言之而莫之從也，況某之戔戔也哉！吾比於諸儒語多所駁正，理極平實，而學者率望而怪之，不亦宜乎！惟論葬諸書，士或稍稍許之，要多早歲之文，繁冗未及刪定，因茲春有葬社之役，故復衷正同人，而『及時、族葬、深埋、實築、八字、尤是某言葬綱領。知乎此而推之日用，事事求實理實益，不苟徇虛名，即違道不遠矣，豈惟葬然哉！』」

陳確接續孔子薄葬主張的傳統，可是，明清之際，社會崇尚虛文，論葬諸書，就是乾初駁正諸儒論葬觀點的文字，亦因爲理極平實，時人也認同他的觀點。葬親社便是陳確在五十歲時（1653 年），由張楊園延請他，於桐鄉清風里，倡議成立者，目的爲到處勸人即時葬親。（參考上文第三章第五節）換言之，論葬諸書，大概是乾初五十歲前的作品，經乾初刪定後，衷正同人，從而提出「及時、族葬、深埋、實築」的言葬綱領，由此更可體現乾初「事事求實理實益、不苟徇虛名，的實學思想。」

綜觀《葬書》上下卷十七篇的內容，其宗旨可歸納爲：

1. 諷世勵俗，刻書以救世
2. 批判葬師，求實理實益

3. 言葬綱領，主族葬深葬

茲逐一申論如下：

1. 諷世勵俗，刻書以救世

陳確爲何要轉移風俗？試看看他生活在一個怎樣的社會環境：

「今則非但於此已也。有數十年不葬者，有數世不葬，數十棺不葬而終於不可知者。」（〈葬論〉）這是一個暴棺不葬、擇地而葬的社會。

「今天下異端之爲害多矣：葬師爲甚，佛次之，老又次之。……故凡書之言禍福者，皆妖書也，而葬書爲甚；凡人之言禍福者，皆妖人也，而葬師爲甚。」（〈甚次〉）這是一個異端爲害，尤以葬師爲甚的社會。

「或曰：『形家妄言禍福，則誣甚矣。或委親骨於非所，而水浸之；螻穴之，亦無不可歟？』曰：『不可』」（《葬論》）這是一個形家妄言禍福，委親骨於非所的社會。

「按《禮》，古無不族葬者，而今之人必擇地而葬，吾見其害而未見其利也」（〈利害〉）

「族葬之禮得復脩行，於世道大有裨益，今人一惑於葬師，二蔽於習俗，與言族葬，反滋駭笑。」（〈與張元岵前輩書〉）

這是一個蔽於習俗、不按古禮，不行族葬的社會。

「蓋禍莫速於淺葬，莫酷於中空。」（〈甄灰樟解惑說〉）

「古之葬者必深，今謂深則有水，此愚之甚也。始則去深而淺，繼且去淺而浮、俗名『培土葬』，舉世靡然從之，去葬之道遠矣。」（〈深葬說上〉）這是一個舉世跟從淺葬的社會。

上述種種葬俗，陳確都不苟同，他唯有用自己的文字，企圖達致諷世勵俗，刻書以救世之目的。陳確說：「《瞽言》尚未敢輕刻，惟有《族葬圖說》數篇，欲急刻以救世，尚須正之吾兄，歲冗未暇錄正。」[註24]

（按：《葬書》下收族葬五善、趙季明族葬圖說附族葬圖等篇）

陳確又說：「郭璞《葬經》，怪而不倫，豈經也哉！正使果出璞手，決當火之，況僞書無疑乎！聖教熄而邪言興，君子反經而已矣。著《葬經》六十有六言而詳註焉，並諸圖法，以告天下後世之凡爲人子者。」[註25] 陳確著

〔註24〕《陳確集》，頁86，〈與老友董東隱書〉。
〔註25〕《陳確集》，頁498，〈葬經〉前言。

〈葬經〉目的就是要昭告後世之凡爲人子者。（按：《葬書》下收〈葬經〉并圖注木板圖、富葬圖、貧葬圖）

　　陳確對其論葬的文字，頗爲自負，常常推薦給他的好友，且申明其撰著之宗旨。《與吳仲木書》癸己云：「弟看古今道理，多被先聖賢說盡，吾輩復從何處開口！弟所以深戒多言者，非惟不敢言，直無可言耳。獨論及葬事，又不覺嘵嘵有口，以爲近世之禍無迫於此，頃以二書奉正，曾爲弟一批駁否？欲併前《族葬圖說》合刻之，以呼世之昏昏醉夢者，而力未能也。」〔註26〕《與同社書》云：「敬以所集〈族葬圖說〉并臆說數篇，及〈與張元岵書〉，具錄呈覽，並前所奉《葬論》，俱賜詳照。餘尚容晤盡，臨書不勝翹切！」〔註27〕《與戴一瞻書》云：「日下只切實料理葬事，弗遑他務，弗事虛文，即此是學，又多乎哉！〈葬經〉附正，或足少助高明之萬一，有未盡者，以類推之。」〔註28〕《與張考夫書》順治十五年戊戌，公年五十五歲云：「亦如論葬諸書，正之同人，莫不謂然，而稍知風水者便用爲仇，要是中有所蔽耳，學者大病，只是護短，既欲護己之短，又欲護前人之短，謂是長厚之道宜然，果爾，則孟子之不長厚亦甚矣，弟非敢爲異同者，曷爲嘵嘵不置也！望我仁人虛心詳察。」〔註29〕

　　陳確論葬，觀點與世俗迥異，在他一生的著述當中，他認爲其論葬諸篇，不失聖人之旨，足可救世。一六六七年，陳確六十四歲，給《示兒帖》丁未中云：「吾自庚寅來（1650 年，乾初四十六歲），論葬頗悉，自以無復還理，然未知淺葬之害。至丁酉（1657 年，乾初五十三歲），始著〈深葬說〉；又格於愚迷，未能改葬，生乎知而不改，惟此一大事，至今爲痛。」〔註30〕《示兒帖》又云：「吾生不辰，懷抱未展，遂同草木俱腐。生平筆札紛紛，了無足取，惟論葬與世俗異，論性、〈大學〉與諸儒異。要爲不失孔、孟之旨，聖人復起，不易吾言。當勤收輯，多錄副本，以待後學。」〔註31〕

　　由上文所述，《葬書》可謂「末俗之鍼石」（《辰夏雜言》小引），陳確希望通過是書的文字，達致諷世勵俗之目的。

〔註26〕《陳確集》，頁 83。
〔註27〕《陳確集》，頁 486。
〔註28〕《陳確集》，頁 105。
〔註29〕《陳確集》，頁 116。
〔註30〕《陳確集》，頁 388。
〔註31〕《陳確集》，頁 390。

2. 批判葬師、求實理實益

陳確生活在一個世人惑於葬師的時代，在《葬書》上下二卷，他批判葬師的說法，可謂不勝枚舉，例如：

> 《與同社書》：「某迂愚之性，不通時俗，至於葬師之說，尤夙所痛心，每欲積其愚悃，以相啓告。」

> 《與張元岵前輩書》：「今人一惑於葬師，二蔽於習俗，與言族葬，反滋駭笑。」

> 《甚次》：「若葬書之倍叛失理，尤非佛老之書之比，而儒者莫之辨。葬書誣矣，葬師又甚焉，而儒者莫之黜，又躬勸爲之戒。」

> 《與張元岵前輩書》又云：「葬師必無後，歷有明驗。此損地傷稼，分離人骨肉，而重其罰也。」

在陳確一生的學術著作中，《葬書》和《大學辨》，成爲他與世俗相左，見解獨特的代表作，在和朋友的書信來往中，陳確便常常提到這兩篇作品。在《答蕭山來成夫書》（順治十一年甲什，公元 1654 年，乾初五十一歲）中，陳確說：「弟近有論葬諸書，并〈大學非聖經辨〉一篇，欲亟梓之，以告吾黨，以俟將來。一欲黜地師，復族葬，以救一時癡愚狂惑之俗；一欲黜〈大學〉，還〈戴記〉，以息宋以來五百餘年學人支離附會、紛紜爭辨之端，而頗爲時輩所嗤。」〔註32〕在《寄劉伯繩書》甲午中，陳確又說：「弟近胸中有固執之見未能脫化者二端：一則痛恨葬師之說，謂〈周禮〉族葬之宜復；一則謂〈大學〉必非聖經，不若仍還之〈戴記〉。于是有論族葬諸書，且欲著〈大學非聖經辨〉一篇，以爲俗失教衰，無一是處，然而惑人心而貽世禍者，莫此二端爲亟，故每喋喋向同人言之，而駭〈族葬論〉者猶十之七，駭〈大學辨〉者更不啻十九。蓋葬師之誣易見，而〈大學〉之蔽難窺也。」〔註33〕乾初既說爲時輩所嗤笑，又說固執之見未能脫化，可以見到他的論葬諸書，並未爲時人所接受。

不過，儘管陳確論葬諸書未爲世人所重視，但事事求實理實益，凡事求實，不失爲《葬書》宗旨之一。怎樣去理解陳確的實學思想呢？乾初在其著述中已有多番的論說。茲逐條中論如次：

> 《龍山告先師友文》：「某近亦絕口不敢言學，但自痛省，痛病不在

〔註32〕　《陳確集》，頁 612。
〔註33〕　《陳確集》，頁 615。

老實。」〔註34〕

《老實說》：「夫心與理，亦豈有二哉！理不實即是心不實，即是虛偽也……象山、陽明孜孜反求，庶幾近實，猶皆惑於〈大學〉之夸文。」〔註35〕

《示友帖》：「蓋虛文日盛，則實意漸衰，若前所述張、董兩兄事，皆是實意，有裨禮教者，故樂告我同志知之。」〔註36〕

《復韓子有書》：「學固不容有依傍，然亦須著實。」〔註37〕

《聖學》：「言知行合一，則天下始有實學。」〔註38〕

《原教》：「性善自是實理、毫無可疑。」〔註39〕

《復吳裒仲書》乙未：「是求放心要訣、是戒懼不睹聞實功。」〔註40〕

《與吳仲木書》：「虛而不勤，終鮮實得。」〔註41〕

《寄諸同志》：「諸子既當以慎獨為心，尤須時時驗之實事。」〔註42〕

明清之際，時人不講水利，葬埋無制，風俗尚虛，浮文失實，陳確教人事事着實、務實。陳確屢言著實、老實、實意、實學、實理、實功、實得、實事等，無非要求世人在日常生活中注重防火、吏治、水利、農田、井田、治生、人倫事物各端，乾初崇實黜虛的思想，由此可見一斑。

3. 言葬綱領，主族葬深葬

陳確在《葬書》自序明確指出他的言葬綱領是：「及時、族葬、深埋、實築」八字，此八字言葬綱領和乾初提出的《六字葬法》相配，陳確《六字葬法》云：「葬法有六要：曰時、曰近、曰合、曰深、曰實、曰儉。時不出三月，近不出鄉、合謂族葬、深入地至丈以外，實謂棺外椁內以灰沙實築之，不留罅隙，儉謂不事虛文。蓋儉則必時，合則必近，深則必實。」〔註43〕（詳見下文第五章《葬書》分析）

〔註34〕《陳確集》，頁343。
〔註35〕《陳確集》，頁256、257。
〔註36〕《陳確集》，頁377。
〔註37〕《陳確集》，頁123。
〔註38〕《陳確集》，頁442。
〔註39〕《陳確集》，頁456。
〔註40〕《陳確集》，頁97。
〔註41〕《陳確集》，頁83。
〔註42〕《陳確集》，頁379。
〔註43〕《陳確集》，頁494。

陳確爲什麼要恢復族葬？概畧言之，陳確說：「弟獨以爲〈周禮〉族葬，其法甚善，聖人復起，必不能易。」(《與同社書》) 乾初又說：「族葬之禮得復脩行，於世道大有裨益。」(〈與張元岵前輩書〉) 又云：「按《禮》，古無不族葬者，而今之人必擇地而葬，吾見其害而未見其利也。」(〈利害〉) 族葬更有五善（見《族葬五善》），故陳確認爲：「族葬之禮行，則葬師之說廢；葬師之說行，則族葬之禮廢，此必不兩存之勢。」(〈與張元岵前輩書〉)

陳確爲什麼主張深葬？陳確說：「古之葬者必深」(《深葬說》上) 乾初又說：「蓋禍莫卜『蓋禍莫速於淺葬』速於淺葬，莫酷於中空。空則畜水穴蟲，兼憂覆墜，淺露必不能久存。」(《甌灰椁解惑說》)「至若今之淺葬，皆將百其患，豈惟五而已耶！（按：指《避五患論》) 此言淺葬之害。因此，陳確主張：「深葬庶可望成全，淺葬則萬無一全。」〔註44〕

〔註44〕《陳確集》，頁126，〈與張考夫書〉。

第五章　《葬書》分析

第一節　陳確《葬書》上下十七篇的內容

陳確《葬書》兩卷，共十七篇，篇目包括：

1. 《葬書》自序
2. 葬論
3. 與同社書
4. 與張元岵前輩書（以上《葬書》上卷）
5. 甚次
6. 族葬五害
7. 利害
8. 趙季明族葬圖說附族葬圖
9. 深葬說上
   深葬說下
10. 六字葬法
11. 地脈論
12. 儉葬說
13. 避五患論
14. 甀灰椁解惑說
15. 葬經并圖注
16. 葬社啓

17. 葬約

（以上《葬書》下卷）

以上十七篇的文字，俱見《陳確集》別集卷六和卷七之中。

關於《葬書》之卷數問題，歷來說法有三：四卷、二卷、一卷，今排列諸家說法如次：

《葬書》卷數

年份	卷數	資料出處	備注
1650		陳敬璋〈乾初先生年表〉	四十七歲輯〈葬論〉〈喪實論〉
1671		吳騫《陳乾初先生年譜》	六十八歲著〈葬經〉
1798	4卷	陳敬璋〈陳確乾初先生著述目〉	陳敬璋 《陳乾初先生遺集》49卷 文集18卷 詩集12卷 別集19卷
1854	2卷	《陳確集》點校說明 （另附錄一卷：蔣光焴輯〈文集〉論葬文章八篇）	無名氏刊行《葬書》
		侯外廬「介紹陳確著書中僅見刊本『葬書』的思想」 （包括自序一篇，論文書札十篇）	陳敬璋編校
1887	1卷	羊復禮 《陳乾初先生文鈔詩鈔跋》	無刊印 （別集19卷）
1957		侯外廬「介紹陳確著書中僅見刊本『葬書』的思想」	自序一篇 論文十篇
1962	2卷	《陳確集》點校說明	南京本《葬書》四卷改爲二卷 《陳確集》以上海本作底本
1979	2卷	《陳確集》別集卷六、卷七	
1985		蕭一山〈清代通史〉五（中華版）	〈清代學者著述表〉葬論一篇
1988	2卷	夏乃儒《中國哲學三百題》	上卷和下卷
1990	2卷	嚴文郁《清儒傳略》	

根據上表排列的資料《葬書》卷數，歷來說法有三：四卷本、二卷本和一卷本，今天，筆者以爲二卷本可爲定案，亦較符合《葬書》本來之面貌。關於《陳確集》的結集過程，北京中華書局一九六二年的點校明，至爲詳備

茲重點臚列如下：

「陳確的著作，他死後曾由他的孫子克邑號雲怡的手錄一通，藏在家裏，外人不易見到。到乾隆年間，他的同鄉人吳騫很留心訪求他的著作，但也只得到殘本三冊。後來陳確的族玄孫陳敬璋又從陳確六世族孫陳錦手裏得到殘本七冊，與吳騫的三冊正好合成全璧。據陳敬璋說，這兩種殘本『鈔錄本出一手』，大概吳氏所得的三冊就是從陳確後人手裏散失出來的，陳敬璋根據這些殘本和從陳錦處得到的另外幾冊陳確的原稿，編成了《陳乾初先生遺集》四十九卷。陳敬璋生於一七五九年（清乾隆二十四年），死於一八一三年（清嘉慶十三年），他編輯《陳乾初先生遺集》，前後『凡積六七寒暑』最後編定在一七九八年（嘉慶三年），距離陳確之死已經一百二十一年了。編定以後，並沒有付梓。陳確的著作，長時期被埋沒。到一八五四年（清咸豐四年），他的《葬書》才由無名氏初次刊行，其中《葬書》兩卷和本書中的《葬書》相同，另有附錄一卷，係由蔣光焴輯錄陳確〈文集〉中論葬的文章八篇而成。一八八七年（清光緒十三年）海昌羊復禮在他所編的《海昌叢載》中刊入了《乾初先生文鈔》二卷、〈詩鈔〉一卷，但全集的始終沒有刊印。……本書首卷轉載的〈海昌備志〉中的〈陳確乾初先生著述目〉，著錄陳氏的《葬書》有四卷，而本書所載的《葬書》却只分上下二卷。又南京本（南京圖書館藏〈陳乾初先生遺集〉鈔本）的總目上原來也標明《葬書》四卷」，後來又塗去「四」字，改成「二」字。大概陳敬璋最初是把《葬書》分成四卷，這樣算起來〈別集〉就有十九卷，後來又改分成兩卷而忘記把序文和〈例言〉中所說的十九卷改成十七卷了。或者，《葬書》的分卷是後來人改的也未可知。」〔註1〕

由這一段點校說明，可知點校者對《葬書》的分卷問題，仍未有定論，而只是停留在猜測之階段。筆者綜論《葬書》分卷問題如下：

《葬書》本分四卷抑或二卷，關鍵的地方是在〈別集〉的卷數問題。《陳確集》兩個鈔本：南京圖書館藏〈陳乾初先生遺集〉鈔本和上海圖書館藏鈔本，〈別集〉部分都分了卷，但沒有標明卷次。據陳敬璋在《編次遺書例言》說〈乾初先生遺集〉包括：文集十八卷、別集十九卷、詩集十二卷。問題就出在〈別集〉應有陳敬璋〈遺集〉所收十九卷、抑南京本、上海本只十七卷呢？

從一七九八年陳敬璋編成〈陳乾初先生遺集〉四十九卷始，八十九年後

〔註1〕《陳確集》點校說明。

的一八八七年，《陳乾初先生遺集》卻出現了四十七卷本，證據見侯外廬氏〈陳確哲學選集〉序文：

「陳確的詩文集共四十九卷，它的編輯經過是這樣的：吳騫於乾隆時收得陳氏文集稿本一冊、詩集稿本二冊，後由陳確後人陳錦處得到文集稿本七冊，合成全書，於是由陳敬璋編成今本，光緒時，海寧人羊復禮買到四十七卷本的詩文集稿，並在廣州刊印陳氏〈文鈔〉二卷、〈詩鈔〉一卷，入所編〈海昌叢載〉。」〔註2〕

羊復禮買到的〈乾初詩文集〉並非為四十九卷本，而只得四十七卷本，是不是有遺佚呢？答案應該為：自從一七九八年陳敬璋編成《乾初先生遺集》四十九卷後五十六年，即一八五四年，遺集、別集中之《葬書》二卷，由當時人抽印刊行（無名氏），證據亦見於侯外廬氏的分析：「《葬書》二卷另有咸豐四年（1854）《葬書五種》單刊本，此書包括了上述〈葬論〉、〈葬經〉。〈葬書五種〉所收，除陳氏《葬書》外，還有：

許楹《罔極錄》二卷

范鯤《蜀山葬書》二卷

張朝晉《喪葬雜說》不分卷

王載宣《慎終錄要》不分卷

這裏面前三人都和陳確一樣，是海寧人。吳騫在〈慎終錄要〉卷末有跋，說明該書殮法最善，『予故錄之』，所以這部書很可能就是吳騫編輯的。」〔註3〕

由於《葬書》有一八五四年單刊本二卷，才可解釋到羊復禮只買到四十七卷本的〈乾初詩文集〉，而非陳敬璋本來的四十九卷本〈乾初先生遺集〉。

羊復禮在光緒十三年（1887年）於羊城客舍著《陳乾初先生文鈔詩鈔跋》云：「右文鈔二卷、遺詩一卷、吾鄉陳乾初先生所撰也。先生為先本生姚陳淑人七世祖。復禮幼時，從外王父樹庭先生學句讀，嘗以《葬書》一卷、〈大學辨〉一卷授之，謂係先生手抄本，彌足珍重。」〔註4〕據《陳確集》點校說明云：「羊復禮的母親是陳確的七代裔孫女。羊復禮在外祖家早就得到了鈔本〈大

〔註2〕 侯外廬編《陳確哲學選集》序，科學出版社，1959年版。

〔註3〕 見前註2。筆者案：《葬書五種》刻於1854年，吳騫卒於1813年，故侯外廬也不敢斷言〈葬書五種〉為吳騫所編，從卒年來看，〈葬書五種〉不可能由吳騫所編。吳騫（1733～1813）著述包括：《吳兔牀日記》、《拜經樓詩話》、《拜經樓叢書》30種、《拜經樓詩集續稿》、《陳乾初先生年譜》卷上、卷下等。

〔註4〕 《陳確集》，頁7。

學辨〉和《葬書》。後經兵燹，兩書遺失，其後終於在光緒年間購得了陳敬璋的編定稿四十九卷於海昌故里。一八八七年，海昌羊復禮在他所編的〈海昌叢載〉中刊入了〈乾初先生文鈔〉二卷、〈詩鈔〉一卷、但全集則始終沒有刊印。」由於《乾初先生文鈔詩鈔》全集沒有刊印，《葬書》一卷本亦不足爲據。

　　總的來說，《葬書》二卷本較符合《陳確遺集》的本來面貌，故一九七九年北京中華書局版列二卷，分見別集卷六、卷七。

　　《葬書》上卷四篇，內容大畧如次：

　　1.《葬書》自序：此篇爲陳確申言撰述《葬書》緣由，交待其言葬綱領爲：「及時、族葬、深埋、實築」八字，並由論葬而推之日用，「事事求實理實益，不苟循虛名，即違道不遠矣，豈惟葬然哉！」可見陳確的實學思想。

　　2.〈葬論〉：一篇，乾初四十七歲輯〈葬論〉是篇可見陳確反對風水迷信的觀點，並有「故擇天地不若自擇」的結論。

　　3.〈與同社書〉：清初東南各省盛行集社。當時張履祥在桐鄉清風里與同里六十四人組織「葬親社」，曾邀請陳乾初爲賓。《楊園集》中有〈葬親社代同社請賓公陳乾初先生啓〉二篇。乾初的〈與同社書〉就是寫給「葬親社」同人的，〔註5〕筆者通讀全書一徧，從文句語氣言，是書只寫給某人而非「葬親社」同人較爲入信。試讀下列文句：「所誤兄者，不過此幾種葬書耳，弟豈謂無其書耶？」、「兄自以誠心質行可不愧幽明，不知吾兄必不忍欺人，而古人則先以欺兄，則亦猶之兄之欺人而已。」、「以吾兄夙有聖師之譽，人之聽兄必百于弟，故既深論葬師之必不可爲，而又進望吾兄爲族葬之師也。」便可證〈與同社書〉只爲某人而作。〈陳確集〉按語云：「此書疑即與查封婁旦者，說詳〈文集〉卷一〈與查靜生書〉校注。」《與同社書》一通，疑即陳確與查旦之書而諱其名。〔註6〕

　　4.〈與張元岵前輩書〉：張次仲，字元岵、號待軒、初名允昌，字孺文，海寧人，著有《竹窗解頤雜錄》，他是乾初的前輩，曾遺書乾初，稱譽乾初的〈族葬論〉破盡向來拘忌之說。〔註7〕是篇之作，在昌言族葬之善，說明葬師之害。陳確認爲：「蓋族葬之禮行，則葬師之說廢；葬師之說行，則族葬之禮

〔註5〕　見《中國哲學史資料選輯》，清代之部，上，頁57，註釋1，北京中華，1981年10版。
〔註6〕　《陳確集》，頁81。
〔註7〕　見《陳確集》，頁60，張次仲〈與陳乾初書〉，張次仲生平，另見《陳確集》，頁43，頁86。

廢；此必不兩存之勢。」〔註8〕

　　至於《葬書》下卷共十三篇，各篇之內容，可歸納為下述八類：

1. 抨擊葬師：〈甚次〉一篇；
2. 論族葬：包括〈族葬五善〉
　　　　　　〈利害〉
　　　　　　〈趙季明族葬圖說〉三篇；
3. 論深葬：〈深葬說〉上下一篇；
4. 論儉葬：〈儉葬說〉一篇；
5. 論地脈：〈地脈論〉一篇；
6. 論淺葬之害：〈避五患論〉
　　　　　　　　〈甂灰椁解惑說〉二篇；
7. 論葬綱領：〈六字葬法〉
　　　　　　　〈葬經〉并圖注二篇；
8. 談葬親社：〈葬社啟〉
　　　　　　　〈葬約〉二篇。

第二節　陳確《葬書》的言葬綱領

　　陳確在《葬書》自序中提出他的言葬綱領共八字：「及時、族葬、深埋、實築」卻沒有進一步詳細說明。此八字之深義若何，我們只能夠在《葬書》的其他篇章中細意尋繹。《葬書》下卷〈六字葬法〉，陳確用寥寥數語，簡單概括了言葬綱領八字的深義：「葬法有六要：曰時、曰近、曰合、曰深、曰實、曰儉。時不出三月，近不出鄉、合謂族葬，深入地至丈以外，實謂棺外椁內以灰沙實築之。不留罅隙，儉謂不事虛文。」易言之，六字葬法言簡意賅，與言葬綱領八字互為表裏，對後人瞭解陳確《葬書》的論葬綱領，提供了一條非常重要的線索。〈六字葬法〉提到的葬法六要，可歸納為三組問題：「蓋儉則必時，合則必近、深則必實」即儉葬、族葬和深葬。下文逐一申論：

（1）及時、族葬、深埋、實築

　　《葬書》言葬綱領，陳確提出他的八字主張：

〔註8〕《陳確集》，頁488。

1. 停喪日期：及時下葬（及時）；
2. 葬埋地點：聚族而葬（族葬）；
3. 葬埋深度：葬必穴深（深埋）；
4. 棺椁間處：灰沙實築（實築）。

〈一〉『及時』之義

古代喪禮，在家停喪日期，因死者的身分而不同，《禮記・王制》：「天子七月而葬，諸侯五月而葬、大夫、士、庶人三月而葬。」〔註 9〕陳確因而提出『及時』之義：及時下葬，不出三月。乾初說：「故先王之制，士喪也，必踰月而葬，謂是喪之中庸焉耳、前此焉，則時力有所弗及；後此，則以為怠而罪之，大夫之必三月而葬也，待同位之至也。諸侯之必五月也，待同盟之至也。天子之必七月也，待同軌之至也，故雖天子之貴，無踰年弗葬者；有之，必國有大故焉。或君讎未報，國賊未討，則不葬，非是而不葬，則〈春秋〉書之，以著其忘親之罪，蓋若是嚴焉，今則非但於此已也，有數十年不葬者，有數世不葬，數十棺不葬而終於不可知者。一朝失火、朽骨灰飛；或遇水災，漂流天末。」（《葬論》）原來古代喪禮，停喪之期不可太久、太久會換來怠慢之非議，出殯之期不可過早，過早則招致力有不及之謾罵。因此，古代士喪必踰月而葬、大夫三月而葬、諸侯五月而葬、天子必七月而葬，除了君讎未報，有國賊未討才可不依期完葬的特殊情況外，上至九五之尊的天子，也鮮有踰年不葬的。下及明代，及時下葬的古禮，仍然沒有改變。《大明會典》卷九十六，喪禮一云：「喪葬之禮，通乎上下，各有差等，無敢僭踰。」〔註 10〕其實，『及時』之義，古已有之，陳確只不過因襲古禮，用來反對當時那種數十年不葬、或數世不葬、或數十棺不葬的情況吧了。試翻查古籍的記載、關於及時下葬，下述兩條資料，可供我們對這個問題有更深入之了解：

1.《禮記・王制篇》

「天子七日而殯，七月而葬。諸侯五日而殯，五月而葬。大夫、士、庶人三日而殯，三月而葬。」

〔註 9〕引自宋玉珂，〈古代的喪禮〉——鄧珂編《鄧之誠學術紀念文集》，頁 199，北京大學出版社，1991 年 3 月版。

〔註 10〕明李東陽，申時行重修等，敕撰，《大明會典》，江蘇廣陵古籍刻印社，頁 1489，1989 年版。

問題在於：為什麼天子、諸侯、士、大夫、庶人要各有差等，不得僭踰呢？

清初大儒王夫之（1619～1692）解釋云：「尊者尊親之情隆而得伸，其物必備，赴會者遠，故其期舒，卑者情不得伸而物簡，赴會者近，故其期促，殯之能持七日、五日者，古之立國，多在北方，地氣高寒，且用冰也，士、庶人得與大夫同者，期已迫，不容再降，達人子之情也。大夫除死日月，士則連死日月而數之，庶人無恒期，有財則可以三月而葬，若殯，則必三日也。」〔註11〕船山從尊卑的角度來立論，天子是尊者，故尊親之情隆而得伸，故七月而葬、便物有所備；大夫、士、庶人乃卑者，卑者情不得伸而物簡，故三月而葬，因赴會者近、不需太多時間預備。

2.《左傳》隱公元年

「天子七月而葬，同軌畢至，諸侯五月，同盟至；大夫三月，同位至；士踰月，外姻至。」

唐呂才（600～665）以為郭璞《葬書》敗俗，共有七條，首條便是：「葬有定期，不擇年月，一也」呂才《叙葬書》云：「此則貴賤不同，禮亦異數，欲使同盟、同軌赴弔有期，量事制宜，遂為常式，法既一定，不得違之。故先期而葬，謂之不懷，後期而不葬，譏之殆禮。」〔註12〕

呂才認為天子、大夫貴賤不同，故禮亦相異。孔穎達疏：「王者馭天下，必令車同軌、書同文。同軌畢至，謂海內皆至也。」先期而葬，可謂不懷念先人，後期而不葬，可譏之為怠慢於禮數。故天子七月而葬，諸侯五月、大夫三月，遂為常式，法既一定，亦不應該違背了。

〈二〉族葬之義

陳確目睹當時社會水利不講、葬埋無制，為了救拯愚俗，以蘇民困，故建議葬埋之地：必須聚族而葬，因為乾初覺得：「故生者與生者為類，死者與死者為類。故生既聚族而居，死亦聚族而葬，此陰陽之理，百世不易之常道也。」（〈與同社書〉）

陳確認為族葬其法甚善，實百世不易之道，而且族葬之禮得復脩行，於

〔註11〕引自王夫之《禮記章句》卷五──《船山全書》，第四冊，頁324，嶽麓書社，1991年6月版。
〔註12〕引自《中國哲學史資料選輯》，魏晉隋唐之部下，頁829，北京‧中華書局，1990年5月版。

人心世道亦大有裨益。乾初說：「先王之制，不以死傷生，故死必擇不食地而葬。《周禮》族葬不限世數，子孫昭穆置穴，地盡斯止，計三畝之墳，便可葬百棺。不惟省地之法宜然，而生同居者死同墳，實天理人情之至，百世不易之道也。」（《投當事揭》）族葬省地、又符合生同居死同墳之情理，試想一想，三畝的墳地，便可葬百棺，土地不為亂用，農村的生產便大大增加了。

　　再從人子孝親之角度言，只有族葬，才可安親魂，不會傷親心，亦可免去夫婦、父子、子孫分葬之毛病，使數世之墓一朝而畢祭（族葬五善之一）故陳確說：「族葬之禮得復脩行，於世道大有裨益，今人一惑於葬師，二蔽於習俗，與言族葬，反滋駭笑。……夫婦分葬，今人亦知其不可，夫婦既不可分，胡為父子而獨可分乎？父子既不可分，則子之子，孫之子，何莫而非父子也者！生欲親之、死欲離之，於情於理，未見其可。為人子者，不能仰體吾親靡瞻靡依之情，而妄生揀擇，使子父異域，或隔數里，或數十里，或至不可道里，未足以安親魄，而先以傷親心，謂之為孝，竊所未解。」（《與張元岵前輩書》）

　　族葬亦是陳確抨擊葬師「妄言禍福、隔別天親，惟圖厚利、不顧民業」而提出的。陳確心底的希望就是：「惟天臺神明洞徹，素燭奸妄，喚醒癡愚，嚴為限制，不許出鄉遠葬；近山葬山，平陽裖葬舊墳，不許更造新墳，即無舊墳可裖，勒令豫定族葬之法，以初葬一穴為始祖，其下點定昭穆位次，世世序葬，不得紊越。如是，庶生業不致盡廢，而斯民蒙業矣。」（〈投當事揭〉）

　　總言之，恢復〈周禮〉族葬是陳確改革葬法的主要目的，「族葬」雖是針對葬師分葬而言，但也包含了反對改葬（遷葬）、速葬、擇葬的觀點，並與儉葬、速葬相呼應，所以「族葬」是陳確反對葬師的釜底抽薪之計。〔註13〕

〈三〉『深埋』之義

　　陳確主張：「葬必穴深」。《葬經》云：「葬者，藏也。惟深則固，淺則易致攤毀。古人葬法，有入土數丈者。今縱不能，亦須掘下五六尺，使蓋板去平土二三尺方可。」〔註14〕乾初認為葬埋的深度愈深則愈堅固，太淺易為蛇蟲鼠蟻破毀棺木。古人葬法有深至地下數丈者，若不能，亦至少須掘五六尺深，棺木距地面至少也有二三尺方可。棺木方面，陳確亦主儉薄，不宜太大，

〔註13〕見詹海雲〈陳確葬論探微〉──《清初學術論文集》，頁165，台‧文津出版社，1992年3月版。

〔註14〕《陳確集》，頁499。

他說：「棺須預製，美惡稱家爲之，切勿高大，周身而止。」（《叢桂堂家約》喪條）〔註15〕

明清之際，葬師主張淺葬，不久，屍骸暴露，淺葬之害不言而喻。

下列資料四條，均可見淺葬之害。試錄而論之：

1. 陳確說：「蓋禍莫速於淺葬，莫酷於中空。空則畜水穴蟲，兼憂覆墜；淺露必不能久存。二者之禍，其理易見。」（〈甀灰椁解惑說〉）淺葬易令棺木速損、淺露則令棺木不能久存。倘若葬埋的深度不足，棺木便會暴露空氣之中，因畜水穴蟲，又易覆墜。

2. 陳確又說：「程子謂『擇葬地當避五患：使他日不爲道路，不爲城郭、不爲溝池，不爲勢家所奪，不爲耕犂所及』，亦未爲達也。……愚意惟深葬，則勢家奪之、耕犂及之與夫道路、城郭皆於泉下無預。獨溝渠之患不知所避，蓋陵谷滄桑，雖前知之聖不能逆料，故鑿池穿井，時遇古墓。惟仁人立加搇覆，殘夫則喜爲發現。此亦運數致然，非夫人之智力所能避也。至若今之淺葬，皆將百其患，患惟五而已耶！」（〈避五患論〉）程子主張擇葬地應避五患：「須使異日不爲道路，不爲城郭、不爲溝池、不爲貴勢所奪、不爲耕犂所及。另一本所謂五患者：溝渠、道路、避村落、遠井窖。」〔註16〕陳確意識到人的智力很難避開葬埋之地不會遇到上述五患，運數亦會是避五患的關鍵，他主張深葬，因爲淺葬不止於避五患，而是要避百患。

3. 陳確云：「及壙虛則容水，葬淺則速朽，雖堅封高敞，致飾巨萬，其實不及向所謂杉棺而深葬者。」（《叢桂堂家約》・雜約）陳確認爲棺木雖美、甚或致飾巨萬，極盡鋪張之能事，但可惜淺葬速朽、反不及只用杉棺而深葬者，不易爲蟲蟻所毀。

4. 陳確又云：「淺葬之害，瞭然明白，今且無言潮淹盜發，諸不可知之慘變，只是獸穴霖攤，吾目中已屢見矣。又高露則氣不固而棺必速朽，棺以內者尚忍言哉！語曰：『既歸三尺土，難保百年墳』，數十世之後，且夷爲平地，必然之道也，即無論秦、漢以上今試舉目數十里中，近若唐、宋、元之墳，尚得而舉其一乎？」（筮葬）〔註17〕淺葬易爲水所淹，強盜偷掘亦較易，又易爲野獸棲息，因此淺葬棺木大多速朽。

〔註15〕《陳確集》，頁516。
〔註16〕《二程集》，頁623，《葬說》並圖，北京・中華書局版。
〔註17〕《陳確集》，頁410。

由於淺葬之害易見，陳確便提出其深埋的主張。乾初云：「葬固宜合，尤宜深。須入地丈以外，深則必實、礦內棺外用灰土實築之，不留罅隙。實則氣固，且不容水，不虛陷；深則久安。葬法之善，無過此者。」（〈投當事揭〉）除了族葬，葬埋最好能深入地底一丈以外，所謂深埋實築、無論礦內或棺外，用灰土加以保護，它的好處是不留罅隙，氣固、不容水、不虛陷，深埋則棺木可永久保存，才可避免淺葬種種之流弊，而泉下之骨尚可獲全。難怪乾初致書張考夫有這樣的嘆息：「故古來墳墓悉夷爲平地，此雖明德之後，有必不能免者，惟深葬庶可望成全，淺葬則萬無一全。」（〈與張考夫書〉）〔註18〕

〈四〉『實築』之義

何謂『實築』？陳確〈六字葬法〉云：「實謂棺外椁內以灰沙實築之，不留罅隙。」《葬經》釋云：「土必擇高、葬必穴深、必狹而實：椁僅容棺。寬而虛，則水聚。棺椁間處，即以灰沙實之，避水之道也。」

欲明『實築』之義，必先了解棺和椁（槨）的分別。棺椁爲裝殮死人的器具，殷商之後，始有棺、椁之分，〈說文〉木部：「棺，關也，所以掩尸，又云：『椁，葬有木椁也』段玉裁注：『木椁者，以木爲之。』椁，或作槨，亦從石，蓋古或用石。槨之爲言廓，所以開廓辟土，勿令迫棺也。〔註19〕換言之『椁』用以保護內『棺』，古制天子的棺有四重，諸侯的棺只有三重，士只有大棺一重。《荀子・禮論》：「棺椁其貌象版蓋」王先謙引郝懿行注：「版蓋者，棺椁所以象屋，旁爲版，上爲蓋。」〔註20〕

先談棺：明儒朱舜水（1600～1682）《談綺》卷上棺製云：「一蓋一底兩牆兩和凡用板六塊、板取堅緻不爛不蠹者爲佳，不必定取油杉油松也。」又曰：「棺，厚約四寸以上，太厚恐重而難運，不必高大，量體而作之大約內淨一尺八寸（廣、高同）後約一尺六寸（廣、高同），須比身軀稍長（長五、六寸）」〔註21〕

次言椁：明儒王廷相（1474～1544）《喪禮備纂》卷上：「治椁、造明器」條：「椁成，即以瀝清塗其內。用少蛤粉黃蠟清油合煎，塗其四周及底蓋。」

〔註18〕《陳確集》，頁126。
〔註19〕引自許嘉璐主編，《中國古代禮俗辭典》，頁304，棺椁條，中國友誼出版公司，1991年6月版。
〔註20〕同前註19。
〔註21〕《朱氏舜水談綺》，頁97～104，明朱之瑜撰，華東師範大學出版社，1988年8月版。

〔註 22〕宋儒張載（1020～1077）〈喪紀〉云：「古之椁言井椁，以大木自下排上來，非如今日之籠棺也，故其四隅有隙，可以置物也。」〔註 23〕由以上的文獻資料，可見治棺和治椁，由來有自。

陳確主張無論棺外椁內均以灰沙實築之，可以避免水之侵蝕、而棺椁之間，不必留存罅隙，這便是『實築』之義。在甎椁與灰椁之取捨中，陳確寧取灰椁，因為：「甎葬零砌、且有空隙，而灰葬打成一具無縫之石椁，堅瑕之相去遠矣。」（〈甎灰椁解惑說〉）原來甎椁零砌，有空隙為水侵蝕，灰椁是一具無罅隙之石椁、既固實，又無瑕，較之甎椁更為優勝。陳確詳論石灰椁非如一般人所謂賤、甎椁則貴。他說：「疑者不過以甎貴而灰土賤，甎成冶，而三和不離水土，無使土親膚之意謂何。不知甎亦土也，窯人燒之而成甎。今石灰本石也，山人煅之而成灰，更用三和法築之而還成彌堅之石。無使土親膚之法，無過於此。而愚者猶以土親膚為嫌，是何異蠶絲已成綾綺，而守故者猶視為條桑乎！誠哉夏蟲之為見也。」（〈甎灰椁解惑說〉）甎椁會因淺露而不能久存，故陳確教人用灰椁，他說：「灰葬則實而能深，千秋之計，無以易此，非徒惜費之謂也。」〔註24〕

陳確《葬經》有三幅圖：木板圖、富葬圖、貧葬圖，詳細說明棺椁以灰沙實築的情況：

1. 木板圖：長丈闊四尺

陳確云：「明板用厚石獨塊者最固，而不可必得，然重大難舉。今易木板，即古人用木椁之意。百年之後，即有毀折，然不若石板重而崩墜，尤足寒心者也。難易安危之故，人子必能辨之。」陳確認為木椁輕而石椁重，即使百年之後外椁毀折、石板重，易崩墜；木板輕，下墜的危險性也較少。

2. 富葬圖：築三和土為底，面旁皆用

陳確說：「富厚有力者，更築三和土為底，厚不過半尺，四旁築三寸，可容舂杵足矣。以薄則力併而固，厚而瑕不若薄而堅也，築面如底法。棺槨間處僅容索，亦以灰沙實之，如外築法。悛心之道盡矣。若貧者且不能治槨，況三和土乎！三和土者，灰沙各半，灑以少水，故謂三和。」陳確以為家財

〔註22〕《王廷相集》，頁 1385，明王廷相著，北京・中華書局，1989 年 9 月版。

〔註23〕《張載集》，頁 298，〈經學理窟〉，宋張載撰，北京・中華書局，1985 年 3 月版。

〔註24〕《陳確集》，頁 498。

較豐厚者，其槨可以三和土爲底（即灰、沙、水之混合物），底面俱如是，即成一立體、實心之內槨，用以覆蓋外棺。棺槨相間處僅可容繩索，亦以灰沙實築之，使不留空隙。

3. 貧葬圖：平地去棺三尺許

陳確說：「孔子爲大夫，葬伯魚，有棺無槨，況貧士乎！雖子葬父不能若父葬子者可以徑情直行，而力不能從心，先聖王勿之能強也。無槨之葬，尤宜入深，上下四旁篩細土杵實之，去灰沙不遠矣。貧者以不能具灰甎，因付之一炬，何其忍耶！貽禍既久，至愚不悟，故復圖此，無財不可爲悅，誠足傷人子之心，而深土以戢先骸，猶愈于炎炎之中頃時立盡者矣。」〔註25〕倘若家境貧窮，有棺無槨，力不從心，陳確仍然主張無槨之葬，深入地丈以外，上下四旁以細土實之，這樣做，和灰沙土實之相去不遠。

陳確言葬綱領的『深埋』、『實築』之說，淵源何在呢？翻查宋代以來的禮書之屬，記載頗多，茲列於下：

（1）司馬光《書儀》卷七喪儀三穿壙條：「葬有二法，有穿地直下爲壙，置柩以土實之者，有先鑿埏道，旁穿土室，攑柩於其中者，臨時從宜，凡穿地宜狹而深、壙中宜穿。」

（2）朱子《家禮》卷四喪禮有治棺、治葬條：「擇日開塋域、祠后土；遂穿壙、作灰隔、刻誌石、造明器」等。

（3）王廷相《喪禮備纂》卷上作灰隔條：「穿壙訖，即以細灰末布於壙底，築實，厚二三寸；然後以石灰三分，細沙黃土各一分，篩拌令勻，以淡酒遍灑和之，鋪於灰上，層層築實，厚二三尺，乃下椁。今木工尺一尺二寸餘，即周之二尺。四旁如前之法築之，及牆之平而止。」相按：灰隔之制：《家禮》云：「別用薄板爲灰隔，板厚二寸，如椁之狀，內以瀝清塗之，厚三寸許，中取容棺，牆高於棺四寸許，置于灰上，四旁旋下四物，炭灰沙土也。亦以薄板隔之。用此板隔壙四旁之土，築之既實，則旋抽築板，近上，復下炭灰築之。」……今忝合纂之，仍用外椁如棺合成，再以瀝清周塗其內，使無縫隙。待築壙底灰沙二三尺訖，即下椁於壙中。復如法再築四旁，與土相連，不用薄板隔之，致有空虛縫隙，及牆之平而止，候莖時，下棺于槨中，槨底及棺四旁上面，復用三物築實，俟滿與椁口平，再溶瀝清灌于灰沙之上，與椁內四旁瀝清相黏合一處，方如椁蓋。再以灰沙如前築之，厚二三尺許，方

〔註25〕《陳確集》，頁501～503。

以土實築之，盈坎而止。如此，則椁外灰沙與土相連入，既無罅隙，椁內灰沙實其空虛，又不貯水，椁有瀝清，又足隔水，似為周詳矣。」

（4）顏元《禮文手鈔》卷四作灰隔條云：「元按：楊氏所引朱子答廖子晦問葬法，有石椁之說，但以法禁，而以數片石合成。愚謂石椁雖無法禁，吾夫子嘗云：『若是其靡也，葬不如速朽之為愈也，豈可以若是費哉！』今無椁用溫公法，有椁用朱子法，似亦儘固矣，何必石然！愚感此而思，昔人嘗有遺言用甕葬者。……將使斯人死者全肌膚，生者快孝思，不及杉栢費，而已得石棺之利，是所望于同志者，講明之可也。」

綜合上述各條文獻資料，「深埋」就是葬法，包括二種：有穿地直下為壙，而懸棺以窆者；有鑿隧道，旁穿土室，而擡棺于其中者（司馬溫公說）王廷相認為「古者惟天子得有隧道，其他皆直下為壙，而懸棺以窆。今當以此為法，其穿地宜狹而深，狹則不崩損，深則盜難近也。」（見王廷相《喪禮備纂》卷上穿壙條）「實築」卻是棺椁之間相連處的處理方法：椁的構造，有主石椁者（楊氏），有主甕椁者（顏元），有主石灰椁者（陳確）；棺椁間處，使椁外灰沙與土相連，既不出現罅隙，椁內灰沙實其空虛，又不貯水，又可隔水，『實築』之義即在此。

對於棺槨，陳確要人量力而為，不必花費萬金，徒具虛名，深坎實築便可。陳確說：「即如喪葬中最切要事，無過棺槨，貧家用三楞杉木，或四五楞，但盡心料理，雖四三金以上，亦足為固。力不能具槨，深坎而葬，棺旁篩細土，實築之，永無水蟻之患，於人子之心，亦復何憾！富貴之家，倉猝買材，百金以易朽木。及壙虛則容水，葬淺則速朽，雖堊封高敞，致飾巨萬，其實不及向所謂杉棺而深葬者。欺己欺人，於所生亦曾有分毫之益否乎？」（《叢桂堂家約》雜約）〔註26〕這亦符合陳確論葬求實理實益，不苟徇虛名的說法的。

（2）六字葬法：時、近、合、深、實、儉

陳確的言葬綱領，除了在《葬書》自序提出的「及時、族葬、深埋、實築」八字外，還在《葬書》下申明其〈六字葬法〉。陳確說：「葬法有六要：曰時，曰近，曰合，曰深，曰實，曰儉，時不出三月，近不出鄉，合謂族葬，深入地至丈以外，實謂棺外椁內以灰沙實築之，不留罅隙，儉謂不事虛文。

〔註26〕《陳確集》，頁 517。

蓋儉則必時，合則必近，深則必實。總之，不惑形家言，烏有稽誤時代而不葬，播越鄉郡而遠葬，擁培穴土而高葬者？故欲全六字葬法，尤以痛絕葬師為本。」〔註27〕《六字葬法》想以此改革世人妄隨葬師「虛名」（福蔭、龍脈、侈葬……等）所帶來的頹俗之害，〔註28〕陳確希望時人不惑於風水先生之言，不會有不葬、遠葬、高葬等情況出現，而痛絕葬師亦為六字葬法之根本精神。

詹海雲以為〈六字葬法〉為陳確所提改革葬俗的六種方式是：時葬（及時下葬，不出三月），近葬（就近而葬，不遷徙遠葬）、合葬（聚族而葬）、深葬（深入地底一丈之外）、實築（於內棺外槨間以灰沙實築，不留罅隙）、儉葬（不事虛文，稱財量力）。其中時葬、近葬、實築，可分別歸入儉葬、族葬、深葬中。因此六字葬法，應可併成三種葬法（儉葬、深葬和族葬）〔註29〕筆者卻認為〈六字葬法〉並非為改革葬俗的六種方式，而是陳確根據古禮，沒有妄加增損，以此告之天下後世凡為人子者的言葬綱領。今以陳確〈俗誤辨〉喪葬第二、《葬經》并圍註、《叢桂堂家約》喪葬各條與〈六字葬法〉對讀，便可知曉時、近、合、深、實、儉的大義。《俗誤辨》序文云：「若以禮，則自有先聖先王之令典在，非確之愚所得自增損也。」〔註30〕《葬經》小序說：「聖教熄而邪言興，君子反經而已矣。著《葬經》六十有六言而詳註焉，並諸圖法，以告天下後世之凡為人子者。」〔註31〕由此可見，變通古禮，刻書救世，才是《葬書》撰述之宗旨，也才可以明白陳確提出〈六字葬法〉用心之所在。

〈一〉釋時葬

《六字葬法》說：「時不出三月」即『及時』之義。

《葬經》、「勿停」條云：「士踰月，天子，諸侯、大夫皆有月數。」勿停，即勿停喪之意。《俗誤辨》喪葬第二說：「停柩，非禮也。禮，三日而殯，蓋殮之日即殯矣。露停于寢，懼有水火不時之災，抱恨何已！凡古禮之宜恪遵如此。」《叢桂堂家約》喪條云：「棺須預製，美惡稱家為之，切勿高大，周身而止。衣用生時所常服時服。不用僧道吹銃，不接遣煞，不立七七名色。不設酒肉，惟高年遠客，間設一二味，及隆寒間設醴，不折席，不送程帛及

〔註27〕《陳確集》，頁 494～495。
〔註28〕見詹海雲〈陳確葬論探微〉——《清初學術論文集》，頁 157。
〔註29〕同前註 28，頁 158。
〔註30〕《陳確集》，頁 506。
〔註31〕《陳確集》，頁 498。

舟從。不設盛奠，力辭親友盛奠，不用紙錠。不謝孝、不閉靈，不停喪。」於此可證陳確心目中的喪事一切從儉、從簡、從約的角度着眼，不停喪更可防止喪事競尚虛名，花費龐大之陋習，清徐乾學更認為「親死不葬，此人子莫大之罪，況律有明禁、而世人往往犯之」呢！〔註32〕

〈二〉釋儉葬

《六字葬法》說：「儉謂不事虛文。」《葬經》云：「穴城蓄水、襟木橫根、戒之戒之，奚取虛文！量力而舉，而何傷於貧乎！」所謂不事虛文，量力而舉，就是奉行儉葬。陳確說：「夫貧有貧之養，則貧亦有貧之葬，儉葬是也。夫儉非薄也，禮所不當為，力所不能為者，吾不強為焉之謂儉也。」（〈儉葬說〉）儉葬不是薄葬，而是在乎合於古體，不做超出自己經濟能力範圍以外之事便可。

《俗誤辨》喪葬云：「棺不素具，非禮也。棺衣之致飾，非禮也」條：「自天子至庶人，各有所宜。朱木黑漆油，各有限制，衣衾亦然。古人殮以時服，即用生時常服之衣，最得禮意。」「鼓銷佛事之飾耳目，非禮也。五服之親分孝布，非禮也」條：「至親有喪，義當各效所有，而反費之，何居？有服者各自製。若喪家力有餘，而五服之親有極貧不能自製者，量分一二則可。」送程、折程、回帛、折帛、折席及犒舟從之類，皆非禮也條：「束帛是弔禮，反致弔客，疽致無服之客，益無謂，貧士遠弔，力不能具舟者，量送之；若主人亦貧，則已。」以上《俗誤辨》喪葬各條，陳確都要人「量力盡禮」、「參力禮而盡心焉，則中庸可庶幾焉」（〈養生送死論〉下）〔註33〕

〈三〉釋近葬

《六字葬法》說：「近不出鄉」意即就近而葬，不遷徙遠葬。《葬經》云：「勿遷，古不脩墓，況輕言遷乎！勿越，各循昭穆，毋相凌越」《俗誤辨》喪葬云：「弛葬（在三月之外）擇葬、（圖度風水）、遠葬（出鄉），皆非禮也。不以日、以夜，非禮也。」

陳確主張族葬，故葬以近不出鄉為宜，亦不輕言遷葬。

〈四〉釋合葬

《六字葬法》說：「合謂族葬」《葬經》釋合葬云：「必近而合，毋遠而分。

〔註32〕見徐乾學《讀禮通考》卷一百十五，停喪不葬條。
〔註33〕《陳確集》，頁 157。

死徙毋出鄉，古人良有深意。族葬有五善，子孫世世祔，地盡而止，勿輕相地。」《葬經》又云：「勿禁。族葬眾毋得妄生拘忌，禁遏葬期。」合葬必返葬，不取遠葬、分葬。古制死後不出鄉遠葬，實即採用族葬，子孫世世合葬，良有深意。

《叢桂堂家約》葬條云：「族葬、深葬，實葬，不信葬師。不拘年月日時，不婚，不雨雪行喪。」陳確論葬的主張，昭昭可見。

〈五〉釋深葬

《六字葬法》說：「深入地至丈以外」《葬經》釋云：「葬必穴深。葬者，藏也。惟深則固，淺則易致攤毀。古人葬法，有入土數丈者。今縱不能，亦須掘下五六尺，使蓋板去平土二三尺許方可。」

《俗誤辨》喪葬條云：「葬不族、不序、不坎、不深、不實、不懸棺而隧，皆非禮也。環築穴城，樹竹雜木，非禮也。破產而葬，非禮也。」陳確主張葬必穴深，棺木斯可久存，淺則易致損毀，故須深入地至丈以外，至少亦須深入土中五六尺，不深葬、不實築，亦不合古禮之意。

〈六〉釋實葬

《六字葬法》說：「實謂棺外椁內以灰沙實築之，不留罅隙。」《葬經》釋云：「必狹而實。椁僅容棺。寬而虛，則水聚。棺椁間處，則以灰沙實之避水之道也。」

《叢桂堂家約》雜約云：「（貧家）力不能具椁，深坎而葬，棺旁篩細土，實築之，永無水蟻之患，於人子之心，亦復何憾！富貴之家，倉猝買材，百金以易朽木。及壙虛則容水，葬淺則速朽，雖堊封高敞，致飾巨萬，其實不可向所謂杉棺而深葬者。」

陳確言葬亦主張以素位行之；「貧者不以貨財為禮」、「國奢則示之以儉」、「國無道，君子恥盈禮焉。」（見《叢桂堂家約》序）無論貧家或富貴之家，於養生送死大事，本着素位行之便可。

（3）論族葬、論深葬、論儉葬

族葬、深葬和儉葬，皆為陳確《葬書》的論葬主張，這三種葬法從中可體現《葬書》八字言葬綱領和六字葬法的精神。茲從起源、內容、優點、盛衰期，以及陳確的觀點等各個方面綜論族葬、深葬和儉葬三種葬埋之法。

〈一〉論族葬

族葬的起源，最早見於《周禮・春官・宗伯篇》：「墓大夫，掌凡邦墓之地域，爲之圖，令國民族葬，而掌其禁令，正其位，掌其度數，使皆有私地域。凡爭墓地者，聽其獄訟，帥其屬而巡墓厲，居其中之室而守之。」這段文字的意思就是：「墓大夫掌理王國中人民所葬的墓地界限，並製作圖籍，令國中人民聚族而葬，掌理墓地的禁令，規正墓位與墳壠高低大小的度數，使人民在公墓地都有私墓地的區域，有爭墓地的，聽斷他們的曲直。率領徒屬巡查墓地邊界的藩籬，在公墓地域中設置辦事處，指揮所屬守護墓地。」〔註34〕另《周禮・地官・大司徒之職》：「以本俗六安萬民，二曰族墳墓」《周禮・春官》：「冢人掌公墓地，辨其兆域而爲之圖，先王之葬居中，以昭穆爲左右，凡諸侯居左右以前，卿大夫士居後，各以其族。」〔註35〕俱有族葬起源的記載。

族葬之法內容如何呢？陳確引宋〈趙季明族葬圖說〉云：「季明曰：以造塋者爲始祖，子孫不別嫡庶，以年齒列昭穆，曾玄而下左右祔，妻、繼室無所出，合祔其夫，崇正也。妾從祔，母以子貴也，降女君，明貴賤也。與夫同封，示繫一人也。妾無子猶陪葬，廣愛也，其黜與改嫁，雖宗子之母不合葬，義絕也。男子長殤，及殤已娶，皆居成人之位。中下之殤，葬祖後示未成人也。序不以齒，不期殀也，男女異位，法陰陽也。葬後者皆南首，惡其趾之向尊也。祖北不墓，避其正也。嫁女還家，以殤穴處之，如在室也。」〔註36〕圖見下頁。族葬位置的安排，就是《二程全書》云：「葬之穴，尊者居中，左昭右穆（子爲昭，孫爲穆）而次後則或東或西，亦左右相對而啓穴也。」爲什麼會有這樣的安排呢？趙甡《族葬圖說》云：「族葬者，所以尊遠祖、辨昭穆（廟次和墓次），親逮屬（嫡子、親屬），宗法之遺意也。」〔註37〕王廷相《喪禮論》葬次說：「嗟乎！是論也，祔子姓，逮殤獨，則謂之仁；正男女，謹嫡妾，則謂之義；左右前後，各以其班祔，則謂之禮，從事體之宜而不惑於邪術，則謂之智，故曰：序昭穆，收族屬，有宗法之遺意焉；不直爲喪葬之設而已也。」〔註38〕於此可見，族葬之意在於把同宗族、血緣關係

〔註34〕見林尹註譯《周禮今註今譯》，頁229，書目文獻出版社，1984年版。

〔註35〕分見《斷句十三經經文》，〈周禮〉，頁16，頁34，臺・開明書店，1973年11月版。

〔註36〕《陳確集》，頁491。

〔註37〕引自徐乾學《讀禮通考》，卷八十二，葬考一。

〔註38〕《王廷相集》，頁662。

之人合葬，這種制度和宗法制度相結合，已經不單為一種喪葬的方式，而成為宗法制度之延申了。

族葬圖

族葬圖一

（圖中文字：北　祖後空三步不葬　祖及昭穆皆北首一向　神道路東西闊五步　昭　穆　後土壇墓祭祀后土於此　昭空九步或六步　穆空九步或六步）

族葬制有什麼優點呢？陳確屢言脩行族葬之禮，於世道大有裨益，又為百世不易之常道，自今而後，當可數十世不造墳塋。陳確說：「骨肉完聚，死而有知，無怨離之鬼，一也。不費耕地，二也。族葬則昭穆不紊而位前定，可不需時月。擇葬則位不前定，而美惡亦未有速決之論也，則不得不需時月。

或問地他家，茫然無主；或兄弟爭利，永歲不決。方其議定，而父母之骨已敗而不可舉矣，族葬則否，三也，擇地而葬，賣主有無厭之求，地隣有刑傷之害，勢家有攘奪之患，臨事有攔阻之虞，變故百出，則不能無爭，故未葬而先破其家者有之。族葬則葬師地主俱無所侔其大利，而紛然之變息矣，四也。墓祭、非古也。分葬而祭，則費愈煩，禮愈瀆。一父母也，有父墓，有母墓，又有繼母、生母、庶母之墓；推而上之，祖父、母、曾祖父母以往，無不皆然。每至寒食、十月朔，子姓奔走十數日猶未得止。族葬則數世之墓一朝而畢祭，不瀆不煩，五也。」〔註39〕由此可見，族葬五善包括：

1. 使骨肉完聚；
2. 使不費耕地；
3. 省時間擇葬地；
4. 使葬師、地主不可以牟利，從而停息二者之紛爭；
5. 數世之墓一朝而畢祭，慳時省力。

由春秋下迄戰國時代，族葬制跟隨着宗法制而盛行。不過由秦代開始：「自秦罷封建，而宗法不行，族葬之禮遂廢。」（徐乾學語）李濂〈族葬論〉亦說：「秦用商鞅，廢井田，開阡陌，先王族葬之制，由是大壞……宗法廢而天下無親族，自封建之制不行，而大小宗之法不立，是故人之於族也，散無統紀，不相聯屬，由是親者疎，疎者爲塗人，固有閱數歲而不相見者矣。」〔註40〕

明清之際，陳確復提倡族葬，他說：「嗟乎！族葬之興廢，古今之大利害係焉，豈不重哉！……蓋葬師之說行，則族葬之禮廢，此不兩存之勢。」（《查氏石家漾三世合葬誌》）〔註41〕《投當事揭》又說：「先王之制，不以死傷生，故死必擇不食之地而葬。《周禮》族葬不限世數，子孫昭穆置穴，地盡斯止。計三畝之墳，便可葬百棺。不惟省地之法宜然，而生同居者死同墳，實天理人情之至，百世不易之道也。」〔註42〕陳確的觀點是：「按〈禮〉，古無不族葬者，而今之人必擇地而葬，吾見其害而未見其利也。於〈禮〉有國墓邦墓，國墓之葬，雖異姓之臣，咸得陪葬，故齊五世皆反葬於周。邦墓，則吾之所謂族葬者也。……吾聞之，勞多而德厚者流澤遠，不然反是。於葬地之美惡，又何有焉？……夫同其利而獨其害，愚者不爲也，況於獨其害而又未必同其

〔註39〕 《陳確集》，頁490。
〔註40〕 見前註37。
〔註41〕 《陳確集》，頁348。
〔註42〕 《陳確集》，頁366。

利者乎！賢者宜何去從焉，亦可幡然悟矣。」（〈利害〉）可以說，陳確從葬師所主「禍福子孫」觀點中論「族葬」之利。倘使葬地真有所謂「禍福子孫」的作用，那麼古代行族葬之天子、諸侯、卿大夫均已表現其「廢流子孫，富厚累世」，數十世不絕之利益，而葬師所說葬地風水影響後世子孫之富貴情形實不能與族葬所造成之富貴相比。因此，即從世俗以「利害」誘人言，亦當恢復「族葬」。〔註43〕無怪張次仲致書乾初，有：「讀尊著〈族葬論〉，破盡向來拘忌之說」〔註44〕的稱譽了。

〈二〉論深葬

深葬之起源，已難考據。陳確說：「古之葬者必深。」（〈深葬說〉上）也沒有明確交代深葬源於何時。北宋程正公〈葬說〉云：「惟五患者不得不慎、須使異日不為道路，不為城郭，不為溝池，不為貴勢所奪，不為耕犁所及。五患既慎，則又鑿地必至四五丈，遇石必更穿之，防水潤也，既葬則以松脂塗棺槨，石灰封墓門，此其大略也。」（張履祥《喪葬雜錄》）〔註45〕程子明言擇葬地當避五患，鑿地深至四五丈，則北宋之前已有深葬之記載了，司馬光《書儀》穿壙條：「葬有二法，有穿地直下為壙置柩，以土實之者，有先鑿堆道旁穿土室擸柩於其中者。」也間接證明了深葬之法，北宋之前已有。徐乾學《讀禮通考》葬法條引用《二程全書》：「葬須為坎室為安」及王文祿云：「開壙，葬者，藏也，深葬為安，不宜及泉耳。」由此可見，古人深葬之用意在安心。

《葬經》說：「葬必穴深，必狹而實。葬者，藏也，惟深則固，淺則易致攤毀，古人葬法，有入土數丈者。今縱不能，亦須掘下五六尺」陳確和程正公說古人葬法，有入土深至數丈者，他們的說法相去不遠。

深葬有什麼優點呢？陳確說：「葬者，藏也。深則藏，淺則露，深藏則安固，淺露則傾圮，必然之道。彼愚不知，獨以深則有水。夫地中有水，豈曰無之，故人死則為泉下人，此非所宜慮也。然實則土，虛則水，故葬法無取寬虛，貴狹實，則無所容水矣。某詳求古人死不欲速朽之義，於棺外加椁，又錮以深土，意極周密。蓋凡藏物之道，氣固則完氣洩則敗，於尋常菜醬猶然，而況藏人之道乎！」（〈深葬說〉上）惟深則固、深藏則安固、狹實、棺木在深土之中不洩氣，皆為深葬的優點。

〔註43〕見前註28，頁169。
〔註44〕《陳確集》，頁61。
〔註45〕見張履祥《楊園先生全集》，卷五十一，台・中國文獻出版社，1968年4月版。

　　打從北宋至明代中葉，隨着葬師提倡淺葬、速葬、遷葬，深葬也許給人遺忘了。直至明末清初時期，陳確、張履祥、祝開美等人，宣揚深葬、抨擊葬師，才能夠恢復「古之葬者必深」的面貌。正如陳確在《投當事揭》所說：「葬固宜合，尤宜深，須入地丈以外。深則必實，礦內棺外用灰土實築之，不留罅隙。實則氣固，且不容水，不虛陷；深則久安。葬法之善，無過此者。」張楊園《答陳乾初書》亦說：「葬之宜深宜堅，百世不易之道也。」〔註46〕祝淵《與陳子乾初書》說：「近亦爲遷葬之舉，欲按古禮行之，徧覓《家禮》不可得，俟三四日後，稍稍整頓，可得奉覽也。」〔註47〕可以證明，明末清初時人痛革一切惡俗，喪葬悉遵《家禮》，並不是偶然的事，而是有其時代背景的。

　　陳確對於深葬的觀點，除了《葬經》、《家約》有闡釋外，《深葬說》上下發揮尤詳。陳確說：「深葬之有水，此或未能辭之害也，而利故未可殫也；狐兔弗能穴也，螻弗能垤也，盜弗能相也，竹木之根弗能穿也，雨暘燥濕之氣弗能侵而敗也，歲月積久之無攤露也，雖有滄桑之變，或夷爲平土，犁爲污田，而泉下之骨尙無恙也。淺葬者悉反是，且亦未必無水，智者宜何擇焉？蓋木性埋深土則堅久，露淺土則速敗，此理人人知之。夫棺既朽敗，而棺以內者尙可問乎？仁人君子不大寒心於此，而顧惟水之憂，所謂其愚不可及者也。」（〈深葬說〉下）因爲葬於地下五六尺，好處是使狐兔不能棲身，蟻不能成垤，盜賊不易知、經過一段長時間後，泉下之骨尙可完整無缺；反之，淺葬則與此相反，因爲木的性質是埋深土則久堅，露淺土則速敗，故此，陳確認爲：「惟深葬庶可望成全，淺葬則萬無一全。」（〈與張考夫書〉）其道理即在此。

〈三〉論儉葬

　　儉葬之起源，由來已久，早在春秋時代，孔子已提倡儉葬、薄葬。陳確說：「夫貧有貧之養，則貧亦有貧之葬、儉葬是也。夫儉非薄也，力所不能爲者，吾不能強爲焉之謂儉也。子曰：『苟無矣，儉手足形，還葬，縣棺而窆，人豈有非之者哉！』」（〈儉葬說〉）林放問禮之本，孔子曰：「禮，與其奢也，寧儉。」漢馬融有言：「嫁娶之禮儉，則婚者以時矣；喪祭之禮約，則終者掩藏矣。」〔註48〕

〔註46〕《陳確集》，頁54。
〔註47〕《祝月隱先生遺集》卷三，適園叢書版。
〔註48〕引自清黃汝成《日知錄集釋》，卷十五，停喪條，頁695，花山文藝出版社，

在陳確的心目中，儉葬與薄葬不同，儉葬就是力有不逮，而不勉強爲之，可謂之儉，再參力禮而盡心焉，則人子可謂之孝，怎樣才可符合儉的標準？陳確說：「禮所得爲則爲之，力所能爲則爲之，即力所能爲而禮有所不得爲，禮所得爲而力有所不能爲者，雖聖人弗爲，如是而已。子思子之所爲必誠必信云者，必盡其禮、盡其力之謂，而非能深求于力禮之外也。深求于力禮之外者，即爲不用吾情，而大乖誠信之道矣。禮所得爲而不爲謂之儉，不得爲而爲之謂僭；力所能爲而不爲謂之儉，不能爲而爲之謂之愚，二者，賢不肖之相去，其間不能以寸。」（〈養生送死論〉下）換言之，儉的標準就在於：禮所得爲而不爲；力所能爲而不爲，故孝子必須盡其禮、盡其力，倘若深求于力禮之外，便大乖誠信之道了。

《六字葬法》說：「儉謂不事虛文」《葬經》釋云：「穴城蓄水、襮木橫根。戒之戒之，奚取虛文！量力而舉，而何傷於貧乎！」儉葬要人量力而治喪；戒墳外築羅城，戒襮木橫根、葬而無椁，稱其財之謂禮，一切以不事虛文爲原則。

虛文有什麼害處呢？陳確說：「若夫重寶殉葬，盜賊生心，文石樹表，傾壓可畏，羅城周環，水之所淤，動費千金，虛文滋害，智者不爲也。」（〈儉葬說〉）之所以動費千金，大肆侈葬的結果，是死者無知，沒得到任何好處，反而徒增墳地的水患、盜害及傾壓之災。〔註49〕

厚葬之害，晉皇甫謐已言之。清張爾岐《後篤終論》上云：「晉皇甫謐悼厚葬之害，著論爲葬送之制，名曰〈篤終〉。……然當時所謂厚葬，蓋謂珠玉之飾、含賷之物，器用寶貨之藏也，今人皆無是矣。」由晉至明，厚葬相沿成風，牢不可破，明清之際，陳確、張爾岐等人倡言儉葬，更希望喪制合於古禮。陳確說：「記曰：『禮不下庶人』曰：『貧者不以貨財爲禮』曰：『國奢則示之以儉』曰：『國無道，君子恥盈禮焉。』前兩言者，固吾家之所當守，而後二言，抑亦今日之所宜致思者也。」（〈叢桂堂家約〉序）張爾岐曰：「葬之習於侈也，於是有久而不克葬者，是徒知備物豐儀之爲厚其親，而不知久而不葬之大悖於禮也。」（〈後篤終論〉下）〔註50〕

1990 年版。
〔註49〕見前註 28，頁 160。
〔註50〕張爾岐《蒿菴集・蒿菴集捃逸・蒿菴閒話》，頁 30，齊魯書社，1991 年 4 月版。

　　陳確儉葬的觀點，《葬經》、《家約》、《俗誤辨》俱有說明，〈儉葬說〉也有申而明之：「夫葬之所須，無先於椁，椁且可省，則自椁而下，皆具文矣，於人親何與哉！而飾偽破家，苟塗人目，愚竊未解，如僧道優伶喧闐人耳，固極癡愚，即廣塋高壙，如山如陵，鬱然松楸，被阡越陌，觀則美矣，於死者曾有分毫之益否乎？非惟無益，且有大損。壙寬必蓄水，高則易傾，多植竹木則根株盤結，穿壙及棺，無所不至，人第習非而不察耳。貧者負棺而深埋之，固可不費一文，而死者之魄已安於磐石矣。稍有力者，築灰棺外，多不過十石，費不過二三金，雖錮南山之銅，莫踰其固，於用雖儉，而於人子之心甚安，不亦善乎！」陳確認為：椁可省用，則自椁而下，皆具文飾之意，即如用僧道優伶、廣塋高壙、如山如陵、松楸遍植，於死者無益，且有大損。貧者只須負棺深埋之，不費一文，稍有力者築灰棺、費不過二三金，這種儉葬，必令人子之心甚安。總之，陳確教後人：「即如喪葬中最切要事，無過棺椁。貧家用三楞杉木，或四五楞，但盡心料理，雖四三金以上，亦足為固。力不能具椁，深坎而築，棺旁篩細土，實築之，永無水蟻之患，於人子之心，亦復何憾！」（《叢桂堂家約》雜約）置棺椁不用鉅金，但求盡心料理便可，甚或力不能具椁者，深坎實築求心之所安，儉葬之義在此。

第六章 《葬書》的影響及評價

第一節 《葬書》的影響

　　陳確的《葬書》，雖要待至一八五四年才由無名氏加以刊行，但從一六五○年乾初輯〈葬論〉開始，這二百年來，時人對《葬書》曾經給予高度的評價，包括：陳元龍說：「其酌古準今、法良意美，皆類此。」（《陳氏理學乾初先生傳》）

　　陳翼說：「論葬諸書、〈喪俗〉、〈家約〉、率皆言近指遠，黜僞存誠。」（〈乾初府君行略〉）

　　許楹說：「其言激切誠懇，有裨世教。」（《罔極錄》）

　　也有評論較爲中肯，從攻擊葬師、弘揚孝道、變通古禮等角度來評論者，例如：

　　黃宗羲曰：「先生主於族葬，痛世巫之惑人也，讀之凜然。」（〈陳乾初先生墓誌銘〉初稿）

　　張次仲曰：「讀尊著〈族葬論〉，破盡向來拘忌之說。」（〈與陳乾初書〉）

　　管鳳苞曰：「其言皆懇惻，慎終之意盡矣。」（陳敬璋〈乾初先生著述目〉）

　　李桓、錢儀吉、黃嗣東同曰：「乾初議禮尤精，從其心之所安者，變通古禮，而於凶禮，尤痛地理惑人，爲天下異端之禍。」（分見〈國朝耆獻類徵初編〉、〈碑傳集〉、〈聖清淵源錄〉）

　　從以上各條評語，《葬書》的影響，可見一斑。由此可證，《葬書》在移風易俗、破除迷信、駁斥風水、改良葬俗各個方面，確實曾經有過一番的貢獻。

與陳確同時代的學人，他們論葬的觀點，多與陳確相近，例如：

孫靜庵《明遺民錄》卷九黃宗羲條：「戊辰冬，營生壙於忠端（宗義父）墓側，中置石床，不用棺椁，子弟疑之。作〈葬制或問〉一篇，援趙邠卿之例，毋得違命，自以身遭國難，期于速朽，不欲顯言也，卒之日，遺命一被一縟，即以所服角巾深衣殮，遂不棺而葬。」〔註1〕

張履祥曰：「葬之宜深宜堅，百世不易道也。」（《答陳乾初書》）〔註2〕

祝月隱曰：「近亦爲遷葬之舉，欲按古禮行之。」（《與陳子乾初書》）〔註3〕

而黃梨洲、張楊園、祝月隱三人皆爲乾初的同門好友，由此可知，陳確的葬論，在同一個時代，曾經發揮過一定之影響力。

清文宗咸豐四年（1854年），陳確的《葬書》二卷，收錄在〈葬書五種〉單刊本中（餘四種爲許楣〈岡極錄〉、范鯤〈蜀山葬書〉、張朝晉〈喪葬雜說〉、王載宣〈慎終錄要〉）許氏、范氏、張氏和陳確一樣，都是海寧人，他們或多或少，會受到陳確提倡族葬、深葬、儉葬的影響，與及關心那個時代的喪葬禮俗，那就不言而喻了。

從十九世紀中葉至二十世紀的三十年代，陳確《葬書》也曾得到很多學者的重視，且給予中肯的評價。例如：一八八七年，羊復禮說：「《葬書》一卷、係先生手抄本，彌足珍重。」（《陳乾初先生文鈔詩鈔跋》）

一九二三至二五年間，梁啓超說：「乾初深痛世人惑於風水，暴棺不葬，著〈葬論〉、〈喪實論〉諸篇，大聲疾呼；與張楊園共倡立『葬親社』，到處勸人實行。」（《中國近三百年學術史》）

一九三八年，徐世昌說：「乾初議禮尤精，從其心之所安，取古禮而變通之，於凶禮尤憾地師惑人，斥爲異端，作〈葬論〉，痛言其弊。」（《清儒學案》卷二）

筆者以爲，陳確的《葬書》，對後世的影響有二：

其一、族葬論爲後世公墓制度提供理論的依據；

其二、打開改良葬俗、破除迷信的先河。

試看看近人的考據文字。柳詒徵說：「族墳墓之俗，殆在周之前已然，而後世乃有堪輿之說，各求善地，不復族葬。公墓之制，則僅大臣有陪陵者，

〔註1〕 孫靜庵著《明遺民錄》，頁74，浙江古籍出版社，1985年7月版。
〔註2〕 《陳確集》，頁54。
〔註3〕 《陳確集》，頁58。

及漏澤園之類。晚近始援他國之俗而倡公墓，用是可知古禮久湮者，亦有時緣他故而復現。」〔註4〕柳氏考證族葬之俗，周之前已有，曾經式微於中土，近來始援他國之俗而倡公墓，可知古禮久湮，卻因爲某種緣故而復現，柳氏這篇「中國禮俗史發凡」原載一九四七年《學原》第一卷第一期，可證公墓制度已復見於二十世紀中葉，陳確倡族葬，早在十七世紀中葉，儘管周代族葬之禮和今天公墓制度內容或有不同，但精神卻相一致，從這點來看，陳確《葬書》的先見性和影響力、便教人不得不注意了。

　　胡適說：「現在我們講改良喪禮，當從兩方面下手。一方面應該把古喪禮遺下的種種虛僞儀式刪除乾淨，一方面應該把後世加入的種種野蠻迷信的儀式刪除乾淨。這兩方面破壞工夫做到了，方才可以有一種近於人情，適合於現代生活狀況的喪禮。」〔註5〕胡適撰〈我對於喪禮的改革〉一文，時爲一九一九年，他認爲「禮儀變簡單了，也是一進化」，「由繁而簡也是進化的一條大路，故他主張刪除古喪禮遺下的虛僞和迷信的儀式；三百多年前，陳確早已提出「族葬、深葬、實築，不信葬師」、「不用僧道吹銃，不接遣煞，不立七七名色。」（《叢桂堂家約》喪葬條）等一系列革除迷信的主張，在陳確的心目中，只有轉移風俗人心實行儉葬、深葬，才可以痛絕葬師，復興仁孝之道。時至今日，工商業社會的喪葬儀式，更加愈趨簡單，三百年前的陳確，早已提出破除迷信、改良葬俗的主張，那就更加難能可貴了。

　　不過，由於時代環境的限制，陳確盲從三年之喪，認爲「此孝道之大所以通于天下也」（〈養生送死論〉上）、要人守禮：「學獨行之士不若學守禮之士」；遵從古禮：「僕昔年喪父，隨俗習非，不能循禮，眞是千古罪人。」（〈喪實議〉）又認爲《葬經》、〈俗誤辨〉、〈家約〉、〈婦喪約〉等論著俱可永爲家法，作爲後人喪葬禮儀之法式，陳確的觀點，難免禮教的迂腐性，那種繁文縟節的規條，也是不合時宜的。

第二節　《葬書》的評價

　　茲把三百年來，後人對陳確《葬書》的主要評論，依時間順序排列如次：

〔註4〕見柳詒徵〈中國禮俗史發凡〉——《柳詒徵史學論文續集》，頁621，上海古籍，1991年12月版。

〔註5〕見胡適〈我對於喪禮的改革〉——《胡適文存》第一集，卷四。

張次仲（1588～1676）

「（乾初）不作佛事，不信堪輿，自擇地之乾燥者葬其父祖，倣古族葬之法。」——《竹窗解頤雜錄》

「讀尊著〈族葬論〉，破盡向來拘忌之說，《周禮‧地官》『以本俗六安萬民……二曰族墳墓』註云：『生相近，死相迫』一族之人，皆葬於此，墓大夫掌之，而辨其昭穆也。古者萬姓葬地皆可同處，不特同姓同氣爲然。將周、魯、齊、衛、燕、趙聞皆塚纍纍而域比比，迄今當無隙地矣，而猶豐原曠土之甚多，則何故耶？豈秦楚以來，屢遭戰士之蹂躪，猛將之發掘耶？或云北方土厚，可以深入，久則隱而難見耶？大江以南，土力淺薄，深則有水，當厚培其土……」——〈與陳乾初書〉

黃宗羲（1610～1695）

一六七七年「余庚寅（1650）至杭，從陸麗京案頭見〈女訓〉而嗟嘆。麗京曰：『此海寧陳乾初先生所著也，余家奉爲玉律。丙午（1666），余與陸冰脩訖之，先生已病廢，劇談終日而精神不衰。……時浙西有與伯繩友者，余約之渡江，其人漠然不應，余因嘆曰：『人情相戀，固如此哉！』臨別，以所著〈葬論〉見示，先生主於族葬，痛世巫之惑人也，讀之凜然，弟深埋恐不宜於閩、越，惜未曾與先生細論也。」——《陳乾初先生墓誌銘》初稿〔註6〕

一六八八年「乾初議禮尤精，從其心之所安者，變通古禮，而於凶禮，尤痛地理惑人，爲天下異端之禍。」——《陳乾初先生墓誌銘》重撰本

張履祥（1611～1674）

「乾初先生乃山陰先生高弟，爲吾寧理學名儒，人倫師表，嘗著〈葬論〉，以諭末俗，一時推恩錫類之意，感孚遐邇。」——《楊園先生全集》卷五十一，陳世儔〈喪葬雜錄小引〉

祝淵（1611～1645）

「近亦爲遷葬之舉，欲按古禮行之，徧覓〈家禮〉，不可得。俟三四日後，稍稍整頓，可得奉覽也。」——《與陳子乾初書》〔註7〕

陳翼（1632～1689）

〔註 6〕 見吳光整理《黃宗羲南雷雜著稿眞迹》，頁 211，浙江古籍出版社，1987 年 5 月版。

〔註 7〕 《陳確集》，頁 58。

「其所論述，前人所已者不言也……坊俗則有論葬諸書，〈喪俗〉、〈家約〉，率皆言近指遠，黜僞存誠，與〈中庸〉素位之學，孔子有恆之訓，互相印證，大有裨于學者，其餘雜著，不下數十萬言，俱有關世教。」——《乾初府君行略》

陳元龍（1651？～1736？）

「先生蓋倣古族葬之法，以爲支分本一、血脈相聯，生則聚廬而處，沒則共域而葬，且使春秋展墓時子姓兄弟咸在。其酌古準今，法良意美，皆類此。」——《陳氏理學乾初先生傳》

吳騫（1733～1813）

「陳乾初先生，先君子之受業師也，先生品行文章，推重一時，深痛世人惑於風水，暴棺不葬，著〈葬論〉、〈喪實論〉諸篇，大聲疾呼，責人速葬，其言激切誠懇，有裨世教。復舉葬社，集諸姻黨之未葬者，各醵金爲會，俾直收者挨次營葬，具見錫類苦心，遺文尚未付梓，特錄此以廣其教。」——《陳乾初先生年譜》，47 歲條引許楷《罔極錄》

陳敬璋（1758～1813）

「管氏鳳苞曰：『余家藏有確先生《葬書》二冊，後附〈先世葬事〉一卷，其言皆懇惻，愼終之意盡矣。』」——〈陳確乾初先生著述目〉

錢儀吉（1780～1850）

「乾初議禮尤精，從其心之所安者，變通古禮，而於凶禮，尤痛地理惑人，爲天下異端之禍。」——《碑傳集》

李桓（1827～1891）

「乾初議禮尤精，從其心之所安者，變通古禮，而於凶禮，尤痛地理惑人，爲天下異端之禍。」——《國朝耆獻類徵初編》

黃嗣東（1846～1910）

「乾初議禮尤精，從其心之所安者，變通古禮，而於凶禮，尤痛地理惑人，爲天下異端之禍。」——《聖清淵源錄》

1887 羊復禮

「復禮幼時，從外王父樹庭先生學句讀，嘗以《葬書》一卷，〈大學辨〉一卷授之，謂係先生手抄本，彌足珍重。……兔床先生序先生遺書云：『幽冥

之中，豈無默爲呵護，待其人而復顯！』復禮不敢仰跂斯誼，竊喜先生導經衛道之誠，風世勵俗之指，終當大顯於時，與蕺山、楊園兩先生遺書並傳，其關於世道人心，豈淺尠哉！」──《陳乾初先生文鈔詩鈔跋》

1923 梁啟超（1873～1929）

「乾初對於社會問題，常爲嚴正的批評，與實踐的改革。深痛世人惑於風水，暴棺不葬，著〈葬論〉、〈喪實論〉諸篇。大聲疾呼；與張楊園共倡立葬親社，到處勸人實行。」──《中國近三百年學術史》

1928 無名氏

「（陳確）議禮尤精，痛地理惑人，著〈葬論〉一篇，履祥舉葬親社，特請確爲賓。」──《清史列傳》

1938 徐世昌（1855～1939）

「（陳確）議禮尤精，從其心之所安，取古禮而變通之，於凶禮尤憾地師惑人，斥爲異端，作〈葬論〉，痛言其弊。葬父及祖，自擇乾燥地，仿古族葬法，其後張楊園舉葬親社，特延爲賓。」──《清儒學案》卷二

1957 侯外廬（1903～）

「陳確的『葬書』的主要價值，是從反對葬事迷信導出了唯物主義的思想。……陳確在『葬書』中最突出的論點是無神論的觀點，他反復駁斥所謂鬼蔭子孫所根據的道理，大都是從唯物地解釋自然現象而出發的。」──「介紹陳確著書中僅見刊本『葬書』的思想」

1959 侯外廬

「在世界觀上，陳確也提出了唯物主義的命題。在《葬書》中，他反對迷信術士擇地而葬所列舉的理由中，就肯定了天是自然存在的，它不受人類主觀意志的支配，因而物質運動是『自爲』的，不能從神秘的外力來加以解釋。

陳確在駁斥鬼蔭子孫的謬論時所列舉的理由，大多是從唯物主義地解釋自然出發的。」──《陳確哲學選集》序

1959 中國社會科學院哲學研究所中國哲學史教研室

「陳確在自然觀上，認爲天與地都是一種自然的存在，〈葬論〉說：『天無私覆，故雨露之施不擇物，物之材不材，自爲榮枯焉，非天有意枯榮之也，

地承天施，亦猶是耳，人之善不善，自為禍福焉，非天與地能禍福之也』這就是說，天地本身是沒有意志的，不能禍福人。他在全部《葬書》裏就是從這種唯物主義觀點出發反對風水迷信的。」——《中國哲學史資料選輯》清代之部（上）

1963 中國科學院哲學研所中國哲學史組、北京大學哲學系中國哲學史教研室

「（陳確）認為〈大學〉和《葬書》都是儒家內部的異端，為害很大，所謂『賊自內出也，故攻之』（〈異端論〉）因此，他說：『〈大學〉廢則聖道自明，〈大學〉行則聖道不明，關係儒教甚鉅，不敢不爭，非好辨也』（〈大學辨〉）丹藥、符水、蠱厭、咒詛、諸妖異之術皆有其書，苟信而行之，必為天下之大妄人矣，〈葬經〉鄙陋，有目共見」（〈與同社書〉）由於他在反程朱理學和《葬書》迷信的鬥爭中大膽地提出了光輝的唯物主義命題，因而遭到理學家反對，他卻始終堅持正確的觀點。」——《中國歷代哲學文選》清代近代編上冊

1979 北京中華書局編者

「陳確還大力地批判了當時十分流行的『葬師之說』努力破除看風水擇墳地的迷信觀念，反對追求厚葬的落後習俗。」——《陳確集》序

1981 王成福

「陳確還有一個重要的思想，就是批判當時的葬師之說，提出自己的言葬綱領，這是他關于生死是自然之理，人應該『情順自然』的觀點的進一步貫徹。……他的『言葬綱領』是及時、族葬、深埋、實築，其指導思想是反對奢侈浪費，求實理實益，不苟循虛名。」——「進步思想家陳確評述」

1982 任大援

「從求其實出發，他還反對當時社會中流行的迷信風水、停屍不葬、求名死節等等愚昧的作法。」——「論陳確的知行觀」

1982 辛冠潔

「圍繞於《葬書》的論著，除闡明他的倫理思想外，極為可貴的，是表現了他的樸素唯物主義的無神論；……陳確的《葬書》，主要是論述鬼神觀的問題，但其中也描述了他的宇宙觀的輪廓。」——《陳確評傳》

1983 嚴健羽

「陳確繼承我國歷史上無神論的傳統，還利用一些自然科學知識，對封

建迷信的無稽之談進行駁斥。……他還反對埋葬擇歲月、擇日時的迷信，反對暴棺不葬，主張埋葬及時，反對厚葬，主張儉葬。他認為族葬有『五善』。…陳確在看風水等迷信活動廣泛流行的時代，公開地反對荒謬的堪輿學和形家之言，不顧大多數人的反對，表述了無神論思想，提出了『擇不食之地而葬』、埋葬及時、儉葬等合理主張，是十分難得的。」——「陳確的哲學思想」

1983 辛冠潔

「陳確沒有留下專門討論宇宙觀問題的著作，但是從他的《葬書》中，可以找到許多描述宇宙問題的材料和觀點。」——「陳確三論——陳確對程朱理學的三次發難」

1985 馮契

「陳確針對擇風水墳地和厚葬的迷信觀念，闡述了無神論思想，認為天與地是無意志的，不能予人以禍福。他說：『天無私覆，故雨露之施不擇物，物之材不材，自為枯榮焉，非天有意枯榮之也。地承天施，亦猶是耳，人之善不善，自為禍福焉，非天與地能禍福之也。』」（《葬書‧葬論》）——《哲學大辭典》——中國哲學史卷

1986 王友三

「陳確對葬師形家術士玩弄風水迷信的把戲，進行了無情的揭露與辛辣的諷刺……他進而指出風水迷信的危害……這些主張，在當時來說，可謂思想開明，說法也是合理的。」——《中國無神論史綱》

1987 中國大百科全書哲學卷編輯

「1854 年，清咸豐四年，無名氏第一次刊行了陳確的《葬書》。」——《中國大百科全書‧哲學卷》 I 1987 侯外廬、邱漢生、張豈之

「《葬書》十七篇，形式上雖然並不是直接針對理學，而實質上卻有許多處與理學相牴牾，特別是在對虛偽禮教的態度上。陳確倡導的『實理』的根據，是樸素唯物主義的自然觀，也即他所謂的『自然之理』。他把天地和生命都看作一種自然的過程，用以反對有神論及種種迷信風俗；同時，他也用『自然之理』作為衡量一切事物的標準，因此，他的『實理』作為『天理』的反命題所達到哲學深度和事事求實理實益的學風的反理學意義，于此顯露得十分清楚。」——《宋明理學史》下卷

1988 王蘧常

「〈葬論〉另包括〈族葬五善〉、〈深葬說〉等，合名《葬書》，內容強調破除看風水擇地的迷信觀念，反對厚葬等習俗。」──《中國歷代思想家傳記匯詮》（南宋－近代分冊）

1988 王思治

「1650 年，陳確寫出著名的〈葬論〉，對世俗封建迷信進行了勇敢的挑戰，表現了樸素的唯物主義自然觀和可貴的無神論思想。」──《清代人物傳稿》上編第五卷

1988 楊芳

「《葬書》是陳確對俗儒、葬師迷信邪說進行的一次勇敢的挑戰，表現了他的樸素唯物主義自然觀和可貴的無神論思想。…陳確的思想在哲學上是與有神論直接對立的，從社會影響方面說也有積極意義。」──《中國哲學三百題》

1988 韋政通

「《葬書》地脈論：重視實用為明末清初思想的新趨向」──《中國哲學辭典》

1989 《中國歷史大辭典》編者

「陳確一生注重實際，對落後社會習俗和宋明理學加以抨擊，主張『事事求實理實益，不苟循虛名』（《葬書》自序）反對鬼神迷信、厚葬以及節婦、烈女、愚孝。」──《中國歷史大辭典》思想史

1990 韓立森

「陳確著〈葬論〉、〈喪實論〉，並與學友張楊園共倡立葬親社，制定〈葬約〉，提倡速葬、儉葬，勸民實行。」──「陳確思想的特質」

1991 王玉德

「《葬書》反映了陳確的無神論思想，對風水術進行了無情的揭露。」──《神秘的風水》

1991 徐吉軍、賀云翔

「陳確的喪葬觀主要集中在《葬書》，在當時厚葬風行全國之時，陳確能對這種世風進行尖銳的抨擊，有如石破天驚、令人瞠目失色，倍生敬慕欽佩

之心。」——《中國喪葬禮俗》

1991 侯外廬

「陳確在駁斥鬼蔭子孫的迷信時所列舉的理由，大多是從唯物主義的自然觀出發的，而且通俗易懂。不過他在這方面還沒有超過前人。」——《中國思想史綱》下冊

1992 牙含章　王友三

「陳確以畢生精力投入反對喪葬迷信的鬥爭，且在批判有神論方面獨具一格。……對喪葬迷信習俗的批判鬥爭，是陳確無神論思想的突出內容。」——《中國無神論史》下冊

1992 王茂、蔣國保

「陳確對於社會意識形態、道德風尚和社會風俗習慣，以及教育、文化等等對人的制約和影響的注重，也沒有停止在痛斥其非和滿足于獨善其身的狹隘境界，而是致力于對它們的批判與改造。從他批判『葬師之說』中，我們可以略窺其移風易俗、改造社會氛圍的思想之一斑。」——《清代哲學》

1992 詹海雲

「陳確的反風水理論既全面又深邃，不僅在我國反風水史及明末清初反風水思潮上有其卓識。而其理論、方法與用心，除可爲其學說宗旨的『素位之學』作一見證外，並於此可覯當時一世之學風轉變情形，而爲『求義理之是非必取證於經典』、『回歸孔孟儒學之思朝』作一有力之旁證。」

明末清初傑出思想家之一的陳確著有〈葬論〉，不僅從理論上駁斥風水，且提出具體的改革葬俗之方式，做爲他移風易俗的經世主張，其中有不少令人心折的卓見，在學術史上有其價值，且可供吾人改革葬俗之參考。

陳確〈葬論〉之價值不在其反程朱上，而在其反風水理論的深度，及其具體辦法可行之效益。——「陳確葬論探微」

1992 鄧立光

「陳確之強調族葬、深葬，目的是爲了改良俗，這是『有志者居一鄉則仁一鄉』的具體表現，陳確曾說出處一理，而出之志即所以不出之志。這是說無論出仕與否，都應有以斯世斯民爲己事的志向，此即一理之意，陳確排擊風水葬俗，正實踐了他自己的處世指引。」——《陳乾初研究》

　　對於陳確的論葬學說，張次仲、黃宗羲、陳元龍等人，稱譽他的〈族葬論〉，並給予極高的評價，張履祥、許楷、〈清史列傳〉著者等，推崇陳確的〈葬論〉，認爲乾初激切誠懇，有裨世教。錢儀吉、李桓、黃嗣東、徐世昌等學者，則從議禮尤精、變通古禮、痛斥風水先生惑人的角度來評論陳確。第一個直接評論《葬書》的學者是陳敬璋（1758～1813），他認爲「《葬書》二冊，其言皆懇惻，愼終之意盡矣」。稍後的羊復禮，於一八八七年，亦以《葬書》一卷，係乾初先生手抄本，彌足珍重。予《葬書》不俗的評價。以上爲自一六五〇年陳確輯〈葬論〉以來，二百多年來學者對《葬書》評論的大略。

　　踏入二十世紀，梁啓超首先從實學的角度來評價《葬書》，梁氏認爲乾初對社會問題，有嚴正的批評與實踐的改革，且認爲陳確的〈葬論〉、〈喪實論〉，是到處勸人實行的論葬文章。

　　對《葬書》的評論，影響至鉅者可說是侯外廬氏，一九五七年，侯氏是首位用無神論和唯物主義思想的觀點來看《葬書》論點的大陸學者，自此之後三十多年來，中國大陸出版的《葬書》論著，鮮有突破侯氏的觀點，例如：辛冠潔、嚴健羽、馮契、王友三、王思治、楊芳、王友德、牙含章等學人，大多摭拾侯氏的觀點，拾人牙慧並無新的論點。筆者以爲：陳確《葬書》的宗旨，並非去探討有神或無神、唯物主義思想或唯心主義思想之異同等問題，諷世勵俗、批判葬師，並希望後人認同他的言葬綱領，才是陳確《葬書》用心之所寄。

　　王茂、蔣國保二人，則從「移風易俗、改造社會氛圍」的角度來看陳確的思想，我認爲這是符合明末清初當時社會的實際情況的。

　　另一方面，詹海雲從反風水理論，鄧立光則從改良民俗的角度來評論《葬書》在學術史上的地位和價值，見解獨特，尙算有一己之見。

第七章　結　論

　　陳確生活在明末清初這一個「天崩地解」的時代，三百多年以來，人們對他的認識大多持忽略的態度，例如：李元度〈國朝先正事略〉、蔡冠洛〈清代七百名人傳〉，以及美國人恆慕義主編的〈清代名人傳略〉等收錄清代人物傳記的書籍，對於陳確，都沒有片言隻字的記載。張舜徽《清人文集別錄》也沒有收錄陳確的文集。

　　對陳確這個歷史人物，無論台、港和中國大陸的學者，都以哲學家、思想家、理學家、儒學家、明遺民、清儒等來稱呼他，這是海峽兩岸從事陳確研究不約而同的地方。至於研究角度方面，台、港學者，多從學術史、思想史、心性論、人性論、理學思想及實學角度來研究陳確；中國大陸的學者則從無神論、反風水論、認識論、人性論、倫理思想、心理思想、實學思潮等角度來研究陳確，由於立論的不同，海峽兩岸陳確思想研究的結論，也大異其趣。大陸的學者，由於多從無神論和唯物主義思想家的角度來看待陳確，以至《葬書》和〈大學辨〉的研究，亦只從這個角度作為立論的大前題，思想難免囿於這個框框，很難有所突破，以至研究的成就，也有一定的局限。可是，台港學者研究陳確，由於他們思想上沒有唯物主義、無神論這個包袱為大前題，故立論較為平實，觀點亦較可取。試看看下列兩學者對陳確的評語：

　　　　張學明說：「陳確的思想是具開創性的，他的治學態度，不隨俗而有改革性的著作理論，都是值得我們對他重新研究。」（〈中國近三百年學術思想史人物二則〉——《新亞歷史系刊》第三期）

　　　　何師佑森說：「陳確和黃宗羲同是劉宗周的弟子，兩人一在浙西、一

在浙東，黃氏講的是經史和經世實學，而陳氏則將王守仁的『知行
合一』學說，充實了人類基本欲望需求的內容，強調符合人欲的道
德實踐才是『實學』。」——《明末清初的實學》

——〈臺大中文學報〉抽印本

台港學者研究陳確立論較平實，便可得到證明了。

錢穆先生在《晚明諸儒之學風與學術》一文說：「行己有恥，踐履以聖賢
立的；博學於文，講論以平治爲心，這可謂是晚明諸儒之共同學風……我們
講儒學，當將學術、人格、與時代三者聯繫一起講。」（香港《人生》19 卷 6
期、8 期）

筆者以爲，通過陳確《葬書》的研究，我們可從陳確的字裏行間，體現
出作者的學術、人格和時代三者的聯繫、進而了解其學風和人格的偉大。

清儒顏習齋曾經說：「明道不在詩書章句，學不在穎悟誦讀，而期如孔門
博文、約禮，身實學之，身實習之，終身不懈者，著〈存性〉一編……」（《顏
元集》、〈存學論〉卷一、〈上太倉陸桴亭先生書〉）

所謂「身實學之」、「身實習之」，正如陳確在《葬書》自序所說的：「知
乎此而推之日用，事事求實理實益，不苟徇虛名，即違道不遠矣，豈惟葬然
哉！」由此來看，陳確的《葬書》，和他力主切實、不尚虛文的學風是相一致
的。

陳確企圖挽救當時之風俗人心是義無反顧的。陳確曾說：「〈家約〉、〈葬
論〉，並末俗之鍼石」（《辰夏雜言》小引）又說：「非禮之禮，懵俗恬不知怪，
而學古之君子所不敢出也。今略條其甚者著於篇，使學者知所戒焉。」（〈俗
誤辨〉序文）從《葬書》上下卷十七篇的內容，正可反映陳確改良葬俗、攻
擊葬師、反對風水、破除迷信、拯救風俗人心的風俗思想。

從實學的角度、從風俗的角度來看《葬書》，也就是本文立論的觀點，筆
者以爲，從這兩個角度來研究《葬書》，我們對於《葬書》，才會有一較客觀
而持平之論的。

這篇論文的研究成果，可歸納爲：第一、二章介紹陳確的生平、學術宗
旨和其思想的背景與淵源，屬外緣分析；第三、四、五各章分別綜論《葬書》
背景、《葬書》宗旨和《葬書》分析，屬內緣分析。第六章概述《葬書》的影
響及評價。第七章爲全文的總結。

茲把本文各章大意，撮述如下：

第一章　陳確的生平、著述和學術宗旨。

首章介紹陳確這位清初著名理學家的生平，他是明朝諸生，入清未仕、（見來新夏《近三百年人物年譜知見錄》）陳確居於浙江海寧，他的高祖、曾祖、祖父和父親，都是明季的知識分子。陳確和他的好友黃宗羲、張履祥、祝淵等人，皆屬同門，都曾師事劉宗周。陳確的學行，可從四個階段來析述：

一歲至三十九歲爲讀書積學期；

四十歲至四十二歲爲從學蕺山期；

四十三歲至六十歲爲著作成熟期；

六十歲至七十四歲爲晚年臥病期。

陳確的著述，以《葬書》、《大學辨》、〈性解〉等篇，最具代表性。陳確曾以素位之學作爲士人入道之門，但力主切實，爲他的學術宗旨，『切實』說之涵義，包括：工夫即本體，講日用倫常，重讀書學問和主踐履躬行。

第二章　陳確的思想背景與淵源。

明人講學的風氣爲：束書不觀、游談無根；高談性命、直入禪障。陳確認爲：高談性命、不求知人；揣摩格致，尙口黜躬；恪守程朱，學失教衰；行失忠實，悉染習氣等，皆爲當世學風的流弊。陳確的思想，和孔孟、陽明、蕺山、程朱和夏峯等皆有淵源。

第三章　《葬書》背景

此章綜述《葬書》的背景，儒家的喪葬觀，爲中國喪葬禮俗的源流，厚葬論和薄葬論，同爲中國歷代的喪葬禮俗。從宋代至清代，有關喪葬禮俗的著述包括下列四類：論喪葬禮儀類、論葬地風水類、論厚葬之害類和綜論喪葬筆記類。明末清初的喪葬風俗，包括：暴骨不葬、擇地而葬、講求地脈、崇尙虛文和葬埋無制，爲了減輕葬師（風水先生）之害，張履祥、陳確等人倡立葬親社，勸人速葬。

第四章　《葬書》宗旨

此章分析《葬書》的宗旨，《葬書》的寫作動機，包括了變通古禮、提倡孝道、攻擊葬師、駁斥風水以及拯救人心風俗。易言之，陳確《葬書》的宗旨爲：諷世勵俗，刻書以救世；批判葬師，求實理實益和言葬綱領，主族葬、深葬。

第五章　《葬書》分析

本章分析《葬書》全書的內容。首先考釋《葬書》的卷數問題，再綜論

上下卷的內容。《葬書》十七篇，上卷四篇爲自序、〈葬論〉、〈與同社書〉、〈與
張元岵前輩書〉；下卷十三篇，可歸納爲：抨擊葬師一篇、論族葬三篇、論深
葬、儉葬、地脈各一篇、論淺葬之害二篇、論葬綱領二篇、談葬親社二篇。「及
時、族葬、深埋、實築」爲《葬書》的言葬綱領，它與六字葬法之義可相互
發明。其中族葬、深葬和儉葬爲陳確論葬的核心主張。

第六章　《葬書》的影響及評價

此章分述《葬書》的影響及評價。《葬書》的影響有二：族葬論爲後世公
墓制度提供了理論的依據；陳確亦率先教人改良葬俗和破除迷信，《葬書》的
評價，則依時間先後，順序排列三百多年來，後人對《葬書》的主要評論。

第七章　結論

筆者認爲：《葬書》的研究，可分從實學的和風俗的角度來分析，才會有
一較客觀而持平之論。最後撮述本文各章大意，作爲全文的總結。

附錄一　陳氏世系表

諒　始遷祖　宗武烈王十四世孫，字克貞，號東園，贅海寧，陳公明誼女，元末，自黃山徙居趙家橋。

榮　二世祖　字世宏，號月軒。少依母家，始蒙母姓爲陳氏，敏達多材，生明洪武壬子，卒宣德丙午，子三。（1372～1426）

亮　三世祖　字文亮，號樂耕。誠信慷慨，好結客。生洪武甲戌，卒天順戊寅，弟清聲，數傳無後。（1394～1458）

晃　四世祖　字宗暘，號賓暘。鄉飲大賓。生正統癸亥，卒正德辛巳，年七十九，子五（魁、紀、經、繪、緒）（1443～1521）

紀　五世祖　字士常，號柳庄，子二（中益，中孚）

（乾初　高祖）中益　六世祖　字守裕，號梅岡，廩貢生，江南吳江訓導，子三（公陞、公廷、公階）

（乾初　曾祖）公廷　七世祖　字日臚，號鳴梧，邑庠生。生正德戊寅，卒萬曆癸未，子二（侯佐、侯儀）（1518～1583）

（乾初　祖父）侯佐　八世祖　字維相，號理川。邑廩生，生嘉靖乙亥，卒萬曆癸卯，年六十五，子四（醇伯、穎伯、震伯、俁伯）（1575～1603）

（乾初　父）穎伯　九世祖　字師端，號覺菴。邑庠生，生嘉靖甲子，卒崇禎庚午。年六十七，子四（賁永、思永、祥龍、道永）（1564～1630）

（乾初）道永　字非玄，原名筮永，字原季。
子二　翼，字敬之，號敬齋（1632～1689）
禾，字若木（1644～1671）

附錄二　陳乾初大事索引

〔事〕	〔年〕	〔歲〕
生	明神宗萬曆三十二年（1604）	
始應童子試	明神宗萬曆四十七年（1619）	16
始婚	明熹宗天啓元年（1621）	18
與祝開美定交	明思宗崇禎四年（1631）	28
補博士弟子	明思宗崇禎六年（1633）	30
從學蕺山先生	明思宗崇禎十六年（1643）	40
具呈本學，求削儒籍，更名確，字曰乾初。	清世祖順治四年（1647）	44
輯〈喪實論〉〈葬論〉作〈女訓〉	清世祖順治七年（1650）	47
著〈大學辨〉	清世祖順治十一年（1654）	51
輯〈山陰先生語錄〉	清世祖順治十二年（1655）	52
著〈性解〉、〈禪障〉	清世祖順治十四年（1657）	54
設姚江、山陰兩先生像拜奠，呈〈性解〉二篇	清聖祖康熙二年（1663）	60
著〈葬經〉并自爲註，黃太冲致書與先生論〈性解〉〈禪障〉	清聖祖康熙十年（1671）	68
先生力疾作書答之。	清聖祖康熙十五年（1676）	73
卒，七月廿四日，以老疾卒于楊橋之居。	清聖祖康熙十六年（1677）	74
吳騫輯〈乾初先生年譜〉二卷於拜經樓。	乾隆五十年（1785）	乾初卒後 108 年
陳敬璋編〈陳乾初先生遺集〉49 卷定稿	清仁宗嘉慶三年（1798）	乾初卒後 121 年

《葬書》刊行（無名氏）	清文宗咸豐四年（1854）	乾初卒後 177 年
〈海昌叢載〉刊入〈乾初先生詩鈔〉一卷、〈乾初先生文鈔〉二卷。	清德宗光緒十三年（1887）	乾初卒後 210 年
侯外廬編輯〈陳確哲學選集〉	（1959）	乾初卒後 282 年
北京中華書局出版〈陳確集〉上下冊	（1979）	乾初卒後 302 年

附錄三　陳乾初研究論著索引

陳乾初研究論著索引

一、工具書

（一）台、港部分

1. 《歷代人物年里碑傳綜表》，姜亮夫編，頁 496，香港中華書局，1961 年 7 月版。

2. 《明清儒學家著述生卒年表》上冊，麥仲貴著，頁 236～369，台・學生書局，1975 年。

3. 《六十七學年度各院校研究生碩士論文提要》，台・教育部高等教育司編，頁 11，12，1978 年。

4. 《中國文化研究論文目錄》（民國 35 年至 68 年）第一冊，文化、哲學、學術，中華文化復興會主編，國立中央圖書館編輯，頁 194，台・商務。

5. 《清代傳記叢刊》026，思舊錄、南雷學案，周駿富輯，頁 255～257，台・明文書局。

6. 《清代傳記叢刊索引》，周駿富編，頁 423，台・明文書局。

7. 《清人別名字號索引》，王德毅編著，頁 439，台・新文豐，1985 年 3 月版。

8. 《中國哲學辭典》，韋政通著，頁 51，102，台・水牛，1988 年 6 月版。

9. 《中國哲學辭典大全》，韋政通主編，頁 707，台・水牛出版社、世界圖書出版公司，1989 年（北京版）。

10. 《清儒傳略》，嚴文郁編，頁 214，台・商務，1990 年。

（二）大陸部分

1. 《三十三種清代傳記綜合引得》，引得第九號，杜連詰、房兆楹編，頁 352，哈佛燕京學社，1932 年 12 月。

2.《八十九種明代傳記綜合引得》第三冊，引得第二十四號，田繼綜編，頁220，哈佛燕京學社，1935 年 5 月。

3.《清代碑傳文通檢》，陳乃乾編，頁 228，北京‧中華，1959 年 2 月版。

4.《中國文化史要論》（人物、圖書），蔡尚思編，頁 49，湖南人民出版社，1979 年 10 月版。

5.《古籍目錄》1949.10～1976.12，國家出版局版本圖書館編，頁 69，北京‧中華，1980 年版。

6.《中國近八十年明史論著目錄》，中國社會科學院歷史研究所明史研究室編，頁 132，江蘇人民，1981 年 2 月版。

7.《中國哲學史史料學》，張岱年著，頁 176，277，北京‧三聯，1982 年 6 月版。

8.《近三百年人物年譜知見錄》，來新夏著，頁 12，上海‧人民，1983 年 4 月版。

9.《中國哲學史史料學概要》下冊，劉建國著，頁 927，吉林‧人民，1983 年 5 月版。

10.《明清人物論集》下冊，歷史研究編輯部編，頁 365，四川‧人民，1983 年 8 月版。

11.《清史論文索引》，中國社會科學院歷史研究所清史研究室、中國人民大學清史研究所合編，頁 227，北京‧中華，1984 年版。

12.《八十年來史學書目》1900～1980，中國社會科學院歷史研究所編，頁 393，中國社會科學，1984 年 10 月版。

13.《中國古代史論文資料索引》（1949.10～1979.9）下冊，復旦大學歷史系資料室編，頁 1104，上海‧人民，1985 年 1 月版。

14.《哲學大辭典‧中國哲學史卷》，頁 377，上海‧辭書出版社，1985 年 12 月版。

15.《哲學百科小辭典》，劉文英主編，頁 225，甘肅‧人民，1987 年 1 月版。

16.《中國大百科全書‧哲學卷》Ⅰ，頁 96，中國大百科全書出版社，1987 年 10 月版。

17.《清代碑傳全集》上下，頁 639，上海‧古籍，1987 年 11 月版。

18.《中國歷代思想家傳記滙詮》南宋—近代分冊，王蘧常主編，頁 277，復旦大學，1988 年 6 月版。

19.《清代人物傳稿》上編第五卷，王思治主編，頁 295～304，北京‧中華，1988 年 6 月版。

20.《中國哲學三百題》，夏乃儒主編，頁 346，669，671，上海‧古籍，1988 年 9 月版。

21. 《清人室名別稱字號索引》，楊廷福、楊同甫編，上冊，頁 409，下冊，頁 441，上海・古籍，1988 年 11 月版。

22. 《中國儒學辭典》，趙吉惠、郭厚安主編，頁 518，遼寧・人民，1989 年版。

23. 《中國歷史大辭典》——思想史卷，中國歷史大辭典、思想史卷編纂委員會編，頁 249，250，上海・辭書出版社，1989 年 9 月版。

24. 《孔學知識詞典》，董乃強主編，頁 48，49，中國國際廣播出版社，1990 年 7 月版。

25. 《中華思想大辭典》，張岱年主編，頁 227，吉林・人民出版社，1991 年 2 月版。

26. 《中國思想寶庫》，中國思想寶庫編委會編，頁 1337，中國廣播電視出版社，1991 年 5 月版。

27. 《明遺民傳記索引》，謝正光編，頁 178，上海・古籍，1992 年 6 月版。

二、著作

（一）台、港部分

1. 《劉蕺山、黃梨洲學案合輯》，蘇德用纂輯，頁 101，150，台・正中，1954 年 8 月版。

2. 《黃梨洲政治思想研究》，高準著，頁 50，中國文化學院政治研究所，1967 年 4 月版。

3. 《國學概論》，錢穆著，頁 62，台・商務人人文庫，1974 年 8 月版。

4. 《中國近三百年學術史》，錢穆著，頁 36～51，台・商務，1976 年 10 月版。

5. 《歷史與思想》，余英時著，頁 146，台・聯經，1976 年 9 月版。

6. 《論戴震與章學誠——清代中期學術思想史研究》，余英時著，頁 15，香港・龍門，1976 年 9 月版。

7. 《宋明理學概述》，錢穆著，頁 436，台・學生，1977 年 4 月版。

8. 《黃梨洲之生平及其學術思想》，古清美著，頁 97～110，國立台灣大學文史叢刊，1978 年 2 月版。

9. 《中國思想史》下冊，韋政通著，頁 1263～1285，台・大林，1979 年版。

10. 《中國學術思想史論叢》（八），錢穆著，頁 376，台・東大，1980 年 3 月版。

11. 《中國哲學原論原教篇——宋明儒學思想之發展》，唐君毅著，台・學生，1984 年 2 月版。

12. 《陳乾初大學辨研究——兼論其在明末清初學術史上的意義》，詹海雲著，台・明文，1986 年 8 月版。

13. 《清代通史》附表、《清代學者著述表》第六，蕭一山著，頁 401，北京‧中華（五），1986 年 9 月版。

14. 《黃宗羲心學的定位》，劉述先著，頁 164～199，台‧允晨，1986 年 10 月版。

15. 《中國近世宗教倫理與商人精神》，余英時著，頁 101～104，台‧聯經，1987 年版。

16. 《中國思想傳統的現代詮釋》，余英時著，頁 415～416，台‧聯經，1987 年版。

17. 《士與中國文化》，余英時著，頁 523～525，上海‧人民，1987 年 12 月版。

18. 《中國心性論》，蒙培元著，頁 439～458，台‧學生，1990 年 4 月版。

19. 《明代理學論文集》，古清美著，頁 299～349，台‧大安，1990 年 5 月版。

20. 《儒家哲學片論》，吳光著，頁 115，台‧允晨，1990 年 6 月版。

21. 《明清之際儒家思想的變遷與發展》，林聰舜著，頁 26～35，台‧學生，1990 年 10 月版。

22. 《清初學術論文集》，詹海雲著，頁 123～280，台‧文津，1992 年 3 月版。

23. 《陳乾初研究》，鄧立光著，台‧文津，1992 年 7 月版。另見《陳確理學思想研究》，香港大學哲學碩士論文，1987 年。

（二）大陸部分

1. 《清史列傳》卷六十六，清‧國史館原編，上海‧中華，1928 年版。

2. 《中國十七世紀思想史》第六章第一節，楊榮國著，東南出版社，1945 年 5 月版。

3. 《近代中國思想學說史》上冊，侯外盧著，第二章第五節，生活書店，1947 年 5 月版。

4. 《中國思想通史》第五卷，侯外盧著，第一編、第三章‧第五節，人民出版社，1958 年版。

5. 《陳確哲學選集》（中國唯物主義哲學選集之一）（增訂本），侯外盧等編，科學出版社，1959 年 9 月版。

6. 《中國歷代哲學文選》清代近代編，上冊，北京大學哲學系中國哲學史教研究、中國科學院哲學研究所中國哲學史組合編，頁 1，北京‧中華，1963 年 4 月版。

7. 《中國哲學史資料簡編》清代近代部分，頁 1～19，北京‧中華，1972 年 8 月版。

8. 《中國哲學史講授提綱》（初稿），北京大學哲學系中國哲學史教研室主編，頁 98，1975 年 10 月。

9. 《陳確集》上下冊，陳確著，北京・中華書局，1979 年 4 月版。

10. 《中國古代著名哲學家評傳》第三卷下，張立文、默明哲編，頁 1013，齊魯書社，1981 年 5 月版。

11. 《中國思想史綱》下冊，侯外廬主編，頁 93，中國青年出版社，1981 年 10 月版。

12. 《中國哲學史資料選輯》清代之部上，中國社會科學院哲學研究所、中國哲學史教研室編，頁 37，北京・中華，1981 年 10 月版。

13. 《中國古代著名哲學家評傳》續編四，趙宗正、李曦編，頁 391～444，齊魯書社，1982 年 9 月版。

14. 《清儒學案新編》第一卷，楊向奎著，頁 174，齊魯書社，1985 年 2 月版。

15. 《中國哲學大綱》（中國哲學問題史），張岱年著，頁 31，中國社會科學出版社，1985 年 3 月版。

16. 《中國倫理思想史》，陳瑛、溫克勤等編，頁 684，貴州・人民，1985 年 4 月版。

17. 《梁啟超論清學史二種》，朱維錚校注，頁 267，474，復旦大學出版社，1985 年 9 月版。

18. 《趙紀彬文集》Ⅰ，趙紀彬著，頁 359，河南・人民，1985 年 9 月版。

19. 《黃宗羲全集》第一卷，沈善洪點校，頁 391，浙江・古籍，1985 年 11 月版。

20. 《中國古代認識論史略》，潘富恩、施昌東著，頁 245，復旦大學，1985 年 12 月版。

21. 《中國學術思想史隨筆》，曹聚仁著，頁 252，北京・三聯，1986 年 6 月版。

22. 《中國無神論史話》，王棣棠著，頁 230～233，福建・人民，1986 年版。

23. 《中國無神論史綱》修訂本，王友三編著，頁 353，上海・人民，1986 年 10 月版。

24. 《宋明理學史》下卷，第三十章，侯外廬、邱漢生主編，人民出版社，1987 年 6 月版。

25. 《中國古代哲學的邏輯發展》下冊，馮契著，頁 931，上海・人民，1987 年 6 月版。

26. 《黃宗羲論》——國際黃宗羲學術討論會論文集，吳光主編，頁 186，浙江・古籍，1987 年 12 月版。

27. 《顏李學派》，姜廣輝著，頁 9，中國社會科學出版社，1987 年 12 月版。

28. 《侯外廬史學論文選集》下冊，中國社會科學院歷史研究所、中國思想史研究室編，頁 219，人民出版社，1988 年 1 月版。

29. 《吳廷翰哲學思想》，衷爾鉅著，頁 80，人民，1988 年 1 月版。

30. 《中國思想研究法》序言，蔡尚思著，頁 7，177，湖南‧人民，1988 年 4 月版。

31. 《清儒學案新編》第二卷，楊向奎著，頁 1～78，齊魯書社，1988 年 6 月版。

32. 《論人‧人性》，姜國柱、朱葵菊著，頁 296，海洋出版社，1988 年 7 月版。

33. 《戊戌思潮縱橫論》，吳廷嘉著，頁 55，中國人民大學出版社，1988 年 8 月版。

34. 《中國哲學史》下卷，蕭萐父、李錦全主編，頁 483，人民，1988 年 8 月版。

35. 《中國倫理學説史》下卷，沈善洪、王鳳賢著，頁 467，浙江‧人民，1988 年 11 月版。

36. 《明清心理思想研究》，燕國材著，頁 169～179，湖南‧人民，1988 年 12 月版。

37. 《中國傳統思想探索》，曹德本著，頁 205，239，遼寧大學，1988 年 12 月版。

38. 《中國哲學史新編》第六冊，馮友蘭著，頁 20，人民，1989 年 1 月版。

39. 《中國歷史上的人性論》，姜國柱、朱葵菊著，頁 300，中國社會科學，1989 年 4 月版。

40. 《中國倫理思想研究》，張岱年著，頁 137，上海‧人民，1989 年 6 月版。

41. 《中國傳統倫理思想史》，朱貽庭主編，頁 23，441，華東師範大學，1989 年 6 月版。

42. 《中國思想史》，張豈之主編，頁 829～833，西北大學出版社，1989 年 6 月版。

43. 《中國認識論史》，姜國柱著，頁 370～371，河南‧人民，1989 年 7 月版。

44. 《三松堂全集》第三卷——《中國哲學史》下冊，馮友蘭著，頁 393，399，河南‧人民，1989 年 7 月版。

45. 《理學範疇系統》，蒙培元著，頁 309，人民，1989 年 7 月版。

46. 《明清實學思潮史》中卷，陳鼓應、辛冠潔、葛榮晉主編，頁 1077，齊魯書社，1989 年 7 月版。

47. 《中國古代哲學問題發展史》下冊，方立天著，頁 717，北京‧中華，1990 年 3 月版。

48. 《中國傳統哲學》，周桂鈿編著，頁 225，北京師範大學，1990 年 7 月版。

49. 《中國思想史綱》下冊，侯外廬主編，頁 93～95，中國青年出版社，1991 年 5 月版。

50. 《中國儒學史》，趙吉惠、郭厚安、趙馥洁、潘策主編，頁 775～779，中

州古籍，1991 年 6 月版。

51. 《神秘的風水》——傳統相地術研究，王玉德著，頁 393～394，廣西‧人民，1991 年 8 月版。

52. 《中國喪葬禮俗》，徐吉軍、賀云翔著，頁 78～79，浙江‧人民，1991 年 10 月版。

53. 《清代哲學》，王茂、蔣國保、余秉頤、陶清著，頁 471～499，安徽‧人民，1992 年 1 月版。

54. 《梁啓超和中國學術思想史》，易新鼎著，頁 174，中州古籍，1992 年 4 月版。

55. 《中國無神論史》下冊，牙含章，王友三主編，頁 751～756，中國社會科學出版社，1992 年 5 月版。

56. 《中日實學史研究》，葛榮晉主編，頁 30，中國社會科學出版社，1992 年 6 月版。

57. 《天理與人欲》，王育濟著，頁 242～255，齊魯書社，1992 年 12 月版。

58. 《浙東學派研究》，王鳳賢、丁國順著，頁 296～314，浙江‧人民，1993 年 3 月版。

三、論文

（一）台、港部分

1. 〈黃梨洲晚年思想的轉變〉，何師佑森，《故宮文獻》第三卷，第一期。

2. 〈黃梨洲與浙東學術〉，何師佑森，《書目季刊》第七卷，第四期。

3. 〈論變化氣質〉，何師佑森，《鄭因百先生八十壽慶論文集》上，台‧商務。

4. 〈顧亭林與黃梨洲——兼述清初朱子學〉，何師佑森，《幼獅學誌》第十五卷，第二期。

5. 〈明末清初的實學〉，何師佑森，《臺大中文學報》抽印本。

6. 《陳乾初與黃梨洲思想之比較研究》，古清美女士，台‧國科會七十學年度獎助研究論文（1981 年）。

7. 〈談陳乾初與黃梨洲辯論的幾個問題〉，古清美女士，《幼獅學誌》第十七卷，第三期抽印本，1983 年 5 月版。

8. 〈有關陳乾初大學辨的幾個問題〉，古清美女士，《毛子水先生九五壽慶論文集》抽印本，1987 年 4 月。

9. 〈近代學風之地理的分布〉，梁啓超，《近代中國學術論叢》，頁 126～159，香港‧崇文，1973 年 3 月版。

10. 〈中國近三百年學術思想史人物二則（陳確、朱筠）〉，張學明，《新亞歷史系刊》第三期，1975 年 1 月。

11.〈北宋周張二程思想之分析〉，戴景賢，《國立台灣大學文史叢刊》，頁 158，1979 年 6 月版。

12.〈論戴震與章學誠書評〉，勞幹，《中國文化研究所學報》第十卷上冊，香港中文大學，1979 年。

13.〈論明遺民子弟的出仕——兼以黃宗羲、顧炎武、王夫之、呂留良爲例〉，何冠彪，香港《抖擻》，1981 年 1 月。

14.〈論明遺民之出處〉，何冠彪，《香港大學・馮平山圖書館金禧紀念論文集》，1982 年。

15.〈清代哲學中人性論的探究〉，黃懿梅，《台大哲學論評》第六期，1983 年 1 月。

16.〈戴東原思想研究〉，劉昭仁，《國立台灣師範大學國文研究所集刊》，第十九期，頁 351。

17.〈對大陸哲學新書的省察〉，王煜，香港《法言》革新號，第六期，頁 56。

18.《陳確理學思想研究》，鄧立光，香港大學哲學碩士論文，1987 年。

19.《陳乾初思想之研究》，周麗楨，台・高雄師範學院七十八年國文研究所碩士論文，1989 年。

（二）大陸部分

1.〈介紹陳確著書中僅見刊本《葬書》的思想〉，侯外廬，《新建設》學術性月刊，1957 年 6 月。

2.〈論蕺山學派思想的若干問題〉，張豈之，《西北大學學報》社會科學版，1980 年第 4 期。

3.〈陳確性論三議〉，弗之，《中國哲學史研究》，天津・人民，1981 年第 2 期。

4.〈進步思想家陳確評述〉，王成福，《社會科學輯刊》，遼寧社會科學院，1981 年第 5 期。

5.〈心學與清切的思想啓蒙〉，夏乃儒，《上海師範學院學報》社會科學版，1982 年第 1 期。

6.〈論陳確的知行觀〉，任大援，《中國哲學》第八輯，北京・三聯，1982 年 10 月。

7.〈試論理學與反理學的界限〉，姜廣輝，《哲學研究》，1982 年第 11 期。

8.〈論陳確的性理哲學思想〉，任大援，《浙江學刊》（季刊），1983 年第 2 期。

9.〈陳確的哲學思想〉，嚴健羽，《論中國哲學史》宋明理學討論會論文集，浙江・人民，1983 年 5 月版。

10.〈陳確三論——陳確對程朱理學的三次發難〉，辛冠潔，《論中國哲學史》宋明理學討論會論文集，浙江・人民，1983 年 5 月版。

11. 〈清代理學探析〉，吳雁南，《重慶師院學報》哲社版，吳雁南，1984 年 4 月。

12. 〈陳確的無神論思想〉，顧曼君，《無神論與宗教研究論集》，南京大學學報編輯部，1985 年。

13. 〈宋明理學片論〉，李澤厚，《中國古代思想史論》，頁 248，263，人民出版社，1985 年版。

14. 〈蕺山學派的慎獨學說〉，袁爾鉅，《中國哲學史》復印報刊資料，中國人民大學，1986 年 6 期。

15. 〈明中期後反對宋儒人性和理欲說思潮的發展〉，嚴健羽，《中州學刊》，1987 年第 2 期。

16. 〈宋代至鴉片戰爭時期的無神論思潮〉，徐長安，《無神論與宗教研究論叢》，中國無神論學會編，四川大學，1987 年版。

17. 〈中國哲學啟蒙的坎坷道路〉，蕭箑父，《東方的黎明——中國文化走向近代的歷程》，頁 25，巴蜀書社，1987 年版。

18. 〈黃宗羲心性說述評〉，樓宇烈，《黃宗羲論——國際黃宗羲學術討論會論文集》，吳光主編，浙江‧古籍，1987 年 12 月版。

19. 〈黃宗羲與劉宗周思想異同的比較〉，朱義祿，《黃宗羲論》，浙江‧古籍，1987 年 12 月版。

20. 〈陽明學的演變與黃宗羲思想的來源〉，沈善洪、錢明，《黃宗羲論》，浙江‧古籍，1987 年 12 月版。

21. 〈明清『實學』思潮的三個發展階段〉，魏宗禹，《晉陽學刊》，1988 年第 1 期。

22. 〈陳確人性學說初探〉，張玉梅，《中國哲學年鑒 1988》，頁 517，中國大百科全書出版社，1988 年。

23. 〈方以智的生平與學術貢獻〉，侯外廬，《方以智全書》第一冊《通雅》上，上海‧古籍，1988 年 9 月版。

24. 〈試論清代學術的地域分佈特點及其對近代中國文化的影響〉，黃紹海，《中國近代文化問題》，頁 46，北京‧中華，1989 年 2 月版。

25. 〈宋明儒學的演變〉，張立文，《儒學國際學術討論會論文集》下集，頁 942～982，齊魯書社，1989 年 4 月版。

26. 〈晚明時期儒學的演變與影響〉，步近智，《儒學國際學術討論會論文集》下集，頁 1110～1126，齊魯書社，1989 年 4 月版。

27. 〈論宋明哲學中的『存天理去人欲』說〉，張恒壽，《中國社會與思想文化》，頁 266，人民出版社，1989 年 8 月版。

28. 〈評胡適『反理學』的歷史淵源和思想實質〉，張恒壽，頁 360，人民出版社，1989 年 8 月版。

29.〈陳確思想的特質〉，韓立森，《晉陽學刊》，1990 年第 2 期。

30.〈陳確心性學說的實質和意義〉，陶清，《學術界》，1988 年第 6 期。

四、古籍

1.《新婦譜補》，陳確（1604～1677），版本一：《筆記小說大觀》五編，版本二：《檀几叢書》卷二十八，王晫輯、張潮校，見香港大學馮平山圖書館藏善本書目。

2.《黃宗羲南雷雜著稿眞迹》，黃宗羲（1610～1695），頁 210～212，浙江·古籍，1987 年 5 月版。

3.《楊園先生全集》上冊，張履祥（1611～1674），頁 304，406，中國文獻出版社，1968 年 4 月版、《履祥言行見聞錄》，頁 41，《陳確集》。

4.《祝月隱先生遺集》，祝淵（1611～1645），拜經樓藏本，卷一，問學錄，《適園叢書》15，民國張鈞衡輯，台·藝文。

5.《明詩綜》卷八十一、《經義考》、《靜志居詩話》（又名《竹垞詩話》臣士，下），朱彝尊（1629～1709），頁 701，《明代掌故》，版本一：上海·廣益，1936 年 5 月版、版本二：人民文學，1990 年北京版。

6.〈子劉子祠堂配享碑〉，全祖望（1705～1755），《鮚埼亭集》，卷二十四，香港大學，馮平山圖書館藏善本書目。

7.《陳乾初先生年譜》，吳騫（1733～1813），版本一：年譜叢書，台北·廣文書局，1971 年、版本二：《雪堂叢刻》，羅振玉（1866～1940），陳乾初先生年譜二卷，吳騫稿本。

8.《陳確乾初先生著述目》《補目》，陳敬璋（1758～1813），《陳確集》，頁 45～48。

9.《兩浙輶軒錄》，阮元（1764～1849），《清詩紀事》，明遺民卷，頁 162。

10.《昭代名人尺牘小傳》卷四，吳修（1764～1827），《清代傳記叢刊索引》。

11.《國朝詩人徵略》二編卷四，張維屏（1780～1859），《清代傳記叢刊索引》。

12.《碑傳集》卷一二七，錢儀吉（1780～1850），四庫善本叢書，初編史部，光緒十九年江蘇書局校刊本。

13.《國朝杭郡詩鈔》，吳振棫（1792～1870），《清詩紀事》，明遺民卷。

14.《小腆紀傳》第五冊，卷五十八，逸民列傳，徐鼒（1810～1862），台灣銀行經濟研究室編引，1963 年 7 月版。

15.《國朝耆獻類徵》（初編）卷三九八，儒行四，李桓（1827～1891），湘陰李氏藏版，香港大學，馮平山圖書館藏善本書目。

16.《越縵堂讀書記》，李慈銘（1830～1894），頁 428～434，北京·中華，1963 年 3 月版。

17. 《道學淵源錄清代篇》（聖清淵源錄），黃嗣東（1846～1910），《清代傳記叢刊索引》。

18. 《清儒學案》卷二，徐世昌（1855～1839），版本一：香港大學，馮平山圖書館藏本書目、版本二：中國書店，海王邨古籍叢刊，1990 年 9 月版。

19. 《清詩紀事初編》上冊，鄧之誠（1887～1960），頁 238，版本一：香港・中華，1976 年 7 月版、版本二：上海・古籍，1984 年 2 月版。

20. 《黃梨洲文集》，陳乃乾編，頁 164～175，頁 442，北京・中華，1959 年 1 月版。

21. 《清詩紀事》，錢仲聯主編，明遺民卷，頁 160～178，江蘇・古籍，1987 年 2 月版。

22. 《明詩人小傳稿》，潘介社纂輯，陳道永，頁 204，台・國立中央圖書館，1986 年。

23. 《明詩紀事》辛籤，卷三十一，陳田，台・楊家駱主編《歷代詩史長編》第十四種，第六冊。

24. 《罔極錄》，許楷，《陳確集》，頁 43。

25. 《竹窗解頤雜錄》，張次仲（1588～1676），《陳確集》，頁 43～44。

26. 《明代千遺民詩詠》初編十卷、祁正注二編十卷，張其淦，《清代傳記叢刊索引》。

27. 《皇清書史》，李放，《清代傳記叢刊索引》。

28. 《思舊錄》一卷，黃宗羲，《黃宗羲全集》第一冊，浙江・古籍，1986 年 11 月版。

29. 《南雷學案》，黃宗羲，《清代傳記叢刊》，台・明文。

五、國外著述

1. 《劉子全書及遺編》上下二冊，蕺山弟子籍，日本・中文出版社。

2. 〈論明末清初時期在思想史上演變的意義〉，日本・溝口雄三，辛冠潔、徐遠和等編《日本學者論中國哲學史》，頁 427，北京・中華，1986 年 11 月版。

3. 〈理氣哲學中的氣的概念——從北宋到清末〉，日本・山井湧，日・小野澤精一、福永光司、山井涌編著，李慶譯，《氣的思想——中國自然觀和人的觀念的發展》，頁 359，上海・人民出版社，1990 年 7 月版。

參考書目

1. 《斷句十三經經文》，台・開明書店，1973 年 11 月版。

2. 《老子註譯及評介》，陳鼓應著，香港・中華，1987 年 1 月版。

3. 《莊子今註今譯》，陳鼓應注譯，北京・中華，1985 年 9 月版。

4. 《墨子閒詁》新編諸子集成本，孫詒讓著，北京・中華，1986 年 2 月版。

5. 《荀子詁譯》，楊柳橋著，齊魯書社，1985 年 2 月版。

6. 《列子集釋》，楊伯峻撰，北京・中華，1979 年 10 月版。

7. 《呂氏春秋譯注》，陳濤、殷國光等，吉林文史，1987 年 7 月版。

8. 《周禮今註今譯》，林尹註譯，書目文獻出版社，1984 年版。

9. 《儀禮注疏》，漢鄭玄注、唐賈公彥疏，中華書局，四部備要本。

10. 《禮記章句》，船山全書第四冊，王夫之著，嶽麓書社，1991 年 6 月版。

11. 《漢書》，班固撰、顏師古注，北京・中華標點本，1975 年 4 月版。

12. 《新唐書》，歐陽修、宋祁撰，北京・中華標點本，1986 年 9 月版。

13. 《明史》，張廷玉等撰，北京・中華標點本，1984 年 3 月版。

14. 《清史稿》，趙爾巽等撰，北京・中華標點本，1976 年 7 月版。

15. 《大明會典》，李東陽等敕撰，申時行等奉敕重修，江蘇・廣陵古籍刻印社，1989 年 8 月版。

16. 《清會典》，萬有文庫本。

17. 《四書章句集注》新編諸子集成本，宋朱熹撰，北京・中華，1982 年 4 月版。

18. 《朱子語類》，宋黎靖德編，北京・中華理學叢書本，1986 年 3 月版。

19. 《家禮》，朱熹撰，文淵閣四庫全書本。

20. 《書儀》，司馬光撰，文淵閣四庫全書本。

21. 《二程集》，程頤、程顥著，北京・中華理學叢書本。

22. 《張載集》，張載撰，北京・中華理學叢書本，1985 年 3 月版。

23. 《張太岳集》，張居正著，上海・古籍，1984 年 2 月版。

24. 《王廷相集》，王廷相著、王孝魚點校，北京・中華理學叢書本，1989 年 9 月版。

25. 《朱舜水集》，朱舜水著，北京・中華，1984 年 9 月版。

26. 《朱氏舜水談綺》，明朱之瑜撰，華東師範大學出版社，1988 年 8 月版。

27. 《陳確集》，陳確撰，北京・中華，1979 年版。

28. 《黃梨洲文集》，陳乃乾編，北京・中華，1959 年 1 月版。

29. 《楊園先生全集》，張履祥著，台・中國文獻出版社，1968 年 4 月版。

30. 《蒿菴集》，張爾岐著，齊魯書社，1991 年 4 月版。

31. 《日知錄集釋》（外七種），顧炎武著、黃汝成集釋，上海・古籍，1985 年 6 月版。

32. 《顧亭林詩文集》，北京・中華，1983 年 5 月版。

33. 《讀禮通考》，徐乾學撰，版本一：光緒七年四月江蘇書局版、版本二：文淵閣四庫全書本。

34. 《顏元集》，顏元著，北京・中華理學叢書本，1987 年 6 月版。

35. 《萬斯同年譜》，陳訓慈、方祖猷著，中文大學出版社，1991 年版。

36. 《五禮通考》，秦蕙田撰，版本一：味經窩藏板，香港大學馮平山圖書館藏善本書目、版本二：文淵閣四庫全書本。

37. 《結埼亭文集選注》，全祖望著、黃雲眉選注，齊魯書社，1982 年 12 月版。

38. 《陔餘叢考》，趙翼著，欒保群、呂宗力校點，河北・人民出版社，1990 年 1 月版。

39. 《祝月隱先生遺集》五卷，祝淵撰，適園叢書本。

40. 《祇欠盦集》八卷，吳蕃昌撰，張鈞衡輯，適園叢書本。

41. 《思復堂文集》，邵念魯著，浙江・古籍，1987 年 11 月版。

42. 《明儒學案》，黃宗羲撰，沈芝盈點校，北京・中華，1985 年 10 月版。

43. 《黃宗羲南雷雜著稿真迹》，吳光整理，浙江・古籍，1987 年 5 月版。

44. 《黃宗羲詩文選》，華東師範大學出版社，1990 年 6 月版。

45. 《黃宗羲全集》第一冊，浙江・古籍，1986 年 11 月版。

46. 《清儒學案》海王邨古籍叢刊，徐世昌撰，中國書店，1990 年 9 月版。

47. 《清儒學案新編》第一卷、第二卷，楊向奎著，齊魯書社，1985 年 2 月，1988 年 6 月版。

48. 《欽定古今圖書集成》，陳夢雷撰，台・文星，1964 年 10 月版。

49.《梁啓超論清學史二種》，朱維錚校注，復旦大學出版社，1985 年 9 月版。

50.《論中國學術思想變遷之大勢》，梁啓超著，江蘇・廣陵古籍刻印社，1990 年 11 月版。

51.《國朝先正事略》清代 1108 人傳記，李元度著、易孟醇點校，岳麓書社，1991 年 5 月版。

52.《清代七百名人傳》，蔡冠洛編著，北京・中國書店，1987 年 6 月版。

53.《清代名人傳略》上中下冊，美・A.W.恒慕義主編 （A.W. Hummel），（Eminent Chinese of the Ching Period 1644～1912），中國人民大學清史研究所譯，青海・人民出版社，1990 年版。

出版後記

　　草此後記之時，正值 2013 年 3 月，上距本文於 1993 年 8 月完稿之日，時光匆匆已逾接近廿載。悠悠歲月，腦海中經常泛起和先師何佑森先生一些交往的片斷。猶憶先師於五年前（2008 年 4 月）遽歸道山，我這個不肖弟子，竟沒留下片言隻語的任何記錄，想來也覺汗顏。如今就正好趁這個機會，追憶這段和先師聚散的因緣，整理思緒，借此用作靈魂的救贖和還債吧！

　　時光倒流至 1988 年，筆者當年入讀港大中文系研究生哲學碩士兼讀課程，專研清代學術思想，適逢國立台灣大學何師佑森教授應聘來港客座，在港大中文系開課，其中一門〈中國近三百年學術史〉課，筆者有幸旁聽（88 年 11 月始，90 年 3 月終）。還記得大約是下午四時的課，每週 2 講，每講 2 小時。何師祖籍安徽巢縣，生於南京，國語帶有方音，他知道我們這班在香港成長的學生（十餘人），或者會聽不慣他的國語，故上課時總是把每講的大綱、內容，用粉筆寫在黑板上，方便我們抄錄研習。每講小息期間，何師總會在陸佑堂中庭荷花池旁，和學生閒聊（還記得是在城大任教的郭鵬飛教授最多），而我只顧在旁恭聽，發言不多。我不知何師吃的是雪茄還是香烟，總之是烟絲裊裊，何師十分享受就是吧！ 或者因為我的研究課題是清代學術思想，何師又是這方面的專家，大學方面請何師指導我，自然也是順理成章的事，我就這樣成為何師在港指導的研究生中其中的一個。

　　柏立基學院，是何師在港大入住的賓館，位處校園半山大學道內，環境清幽。

　　依稀記得第一次前往探望何師的情況。當天下午何師母也在，一壺凍頂烏龍茶、幾包鳳梨酥，也就是我和台灣接觸的第一條紐帶，把我和寶島這處陌生之地緊密地連繫上來。時至今天，我仍然愛飲凍頂烏龍茶，喜歡吃台產鳳梨酥，與此不無關係。除了閒話家常，和何師亦談到我打算做的課題（〈陳確思想研究〉）和內容。當天倆人的熱情款待，至今還歷歷在目。

因為我是兼讀生的關係，平日要在中學教課，故前往柏立基學院見何師的次數不多。但每次見他的時候，他手上拿著的大多是中國哲學史之類的原始資料。上課時，他帶來的書，也大多是中國大陸出版的清學史原始材料。我在他身上學到的就是：「治學必須熟讀原典」；抑且何師課堂上又嘗說：「讀書應取法乎上」。他的身教言教，一言一行，都使我獲益良多，終生受用不盡。

1990 年 4 月，我寫了一封信向何師討教，末段說：「在把《陳確集》讀了之後，便會排比分類資料。未來一年，便要分章撰寫論文，自思才、學、識均力有不逮，惟弟子是會用心完成這篇論文的。希望教授　不吝賜教　弟子廣海頓首」經過何師的指導，論文題目終更定為〈陳確《葬書》之研究〉，大底因題目範圍收窄了的關係，全文寫來也就踏實得多。

1995 年哲學碩士畢業後，我仍然魂牽夢縈地追尋著自己的博士夢。何師亦返回台大，繼續其大學部或研究所的課，直至 97 年 2 月，何師自台大中文系專任教職退休，改聘為兼任教授。我們兩岸相睽，無緣再聚。直至 2006 年暑假，余偕內人、小女，因趁往南投中台禪寺禪修之便，首三天留台北，故借此良機，前往其溫州街住處，探望何師及師母。時何師健康情況尚可，日以閱讀金庸小說為樂。何師當天贈我的論文〈歷史思想中的一個重要觀念——「勢」〉，乃何師 1999 年 6 月，發表於中央研究院第二屆國際漢學會議論文集〉之抽印本，至今我仍珍而藏之。何師母且臨時做了導遊，帶我們逛了台大校園一會兒，還記得是羅斯福路。路經傅鐘之處（為紀念台大校長傅斯年而設的地方），印象尤覺深刻。那晚師母在校園飯堂作東，我和何師聚舊，談的多是台港學術界舊雨新知的近況。翌日，我們除了參觀故宮，還在中研院四分溪書坊內，購得吳清忠《人體使用手冊》一書。故在離別台北前，郵寄給他們，以答謝倆人的深情招待。

2008 年 4 月下旬，在港忽接獲訃聞通告，驚悉何師慟於 4 月 9 日（農曆三月初四日）戌時壽終於台大醫院，享壽七十九歲。謹擇於 5 月 2 日下午二時設奠家祭、二時十五分追思、二時四十分至四時公祭，隨即發引火化靈骨，暫厝台北，擇吉歸葬南京云。通告內附〈何故教授佑森先生事略〉，才知 4 月 1 日，何師以心臟瓣膜脫落，經緊急手術後，藥石罔效，延至九日晚間八時仙逝。吾家三人，隨即草函師母：「頃接訃聞，驚悉何師仙遊，悵悵不已。懷想年前在臺大與佑森師飯夕暢談，竟成永訣，殊感哀慟！惟望師母和家人節哀順變，保重身體為念！如有機會赴臺，必再來探望師母」云，予以安慰。

先師何佑森先生（1931-2008），乃錢穆（賓四）先生（1895-1990）及門弟子，先師曾經寫過〈錢賓四先生的學術〉一文，稱頌錢賓四先生是一位通儒。（原刊《中華文化復興月刊》7卷7期（1974年7月））何師說：「通儒與專家不同，凡是致力於學術的人，三五年可以成一專家，而窮畢生之力未必可以成一通儒，可見為專家容易，為通儒卻難。」何師為清學史之專家，學術界當無異議。但如果讀者細心捧讀何師的論文，先師一生所嚮往和追求的，正正就是要做一個實至名歸的「通儒」。給我印象最深刻的，就是〈近世儒學中有關生命的幾個故事〉這一篇。

行文短短四段：一、尊重生命；二、人的生命——王陽明龍場之悟；三、物的生命——戲折柳枝；四、結語。

讓大家齊來讀一讀此文的結語：

> 「生命是一門很深的學問，而我只希望用兩個小故事來表達我的粗淺看法。為什麼道的意義可以淺講，可以深講？因為我不願如宋代李延平告誡朱子所說的，把「道」懸在半空中，一生為「道」所束縛。如果道字講得太深奧了，不能實踐，和生命脫節，反而被人指摘為「假道學」。本文就人所熟知的故事，提出了五個與生命有關的觀念。
>
> 1、是「生」字，包括了生意、生長、生活、生生不息種種含義。
>
> 2、是「尊」字，尊字發自內心，每個人不但要尊重自己，也要尊重他人。人的生命需要尊重，學術生命也必須尊重。有尊重才有尊嚴，不尊重就會失去尊嚴。人的一生所追求的是生命的尊嚴，物的生命所需的是人的關心和愛護。
>
> 3、是「悟」字，悟不是空悟，而是來自人生的磨練。
>
> 4、是「理」字，理是生命的根源。
>
> 5、是「氣」字，氣是生命的活力。理和氣是宇宙生命的兩個重要觀念。」
>
> （國際儒學聯會主編《國際儒學研究》第一輯（北京：人民出版社，1995年10月。頁137-146。）

此段字字珠璣，情感充沛，能顧及人情物理，誠賞心悅目之作。余又不時重讀何師數年以來講授三百年學術史之授課筆記，腦海中不時泛起何師之音容笑貌。何師對原典詮釋精到，一些難明文句，他用三言兩語，便解說得清清

楚楚，使人明白。他平時熟讀原典，分析問題，故能了然於胸；又或積學深思，能把問題融會貫通。講課之時，更使人如沐春風，享受到學習之樂趣。

何師和余英時先生，皆爲錢穆先生於新亞研究所的及門弟子，大家亦有同門之誼。何師的畢業論文《兩宋學風的地理分佈》（原刊《新亞學報》1 卷 1 期（1955 年），頁 331-379），1956 年 2 月，何師續於《新亞學報》1 卷 2 期發表〈元代學術之地理分佈〉，時何師 26 歲，爲桂林街時代新亞研究所第一屆畢業生，旋受聘爲助理研究員。余英時教授生於 1930 年，安徽潛山人，何師亦安徽人，二人年齡亦相若。惟英美海外或中國大陸之學術界，認識余英時者多，而知何師者少。本來這亦難怪，余英時的論著，香港、台灣、中國大陸三地，時有翻印。余英時先生更於 2006 年 12 月 5 日，獲頒由美國國會圖書館主持頒發之克魯格獎（John W.Kluge Prize），以表揚英時先生在人文學科所獲得的成就，的確是實至名歸者。惟筆者要指出的一點是，余英時治學中西兼通，何師治學則步武傳統，二人治學途轍不同，所獲致的成就也互異。希望從今天起，隨著何師論著相繼出版，可以有更多人，一同去認識何師之生平和志業，則吾願足矣！

有關何師之生平和著述，讀者可參考下列三書：

1. 何佑森著《儒學與思想：何佑森先生學術論文集【上冊】，國立臺灣大學出版中心，2009 年 4 月。
2. 何佑森著《清代學術思潮：何佑森先生學術論文集【下冊】，國立臺灣大學出版中心，2009 年 4 月。
3. 何佑森先生紀念論文集編輯委員會編印《中國學術思想論叢——何佑森先生紀念論文集》，臺北・大安出版社，2009 年 3 月。

此篇論文之所以能夠出版，實賴香港樹仁大學何廣棪教授之熱心推薦，臺灣新北市花木蘭文化出版社高小娟女士之無私協助。在功利主義泛濫的世代，出版社仍能堅持推出一些無利可圖的學術著作，此等舉措，委實令人敬佩。

另外，香港樹仁大學林翼勳教授的書名題簽、香港公開大學教育及語文學院馬顯慈教授的贈序，吾等三人皆爲香港中文大學校友，高誼隆情，感銘殊深，在此再三言謝。

2013 年 3 月 孫廣海 草於香港晚成齋